# Entre el léxico y la sintaxis: las fases de los eventos

# Linguistic Insights

Studies in Language and Communication

Edited by Maurizio Gotti,
University of Bergamo

Volume 273



PETER LANG
Bern · Berlin · Bruxelles · New York · Oxford

María Martínez-Atienza de Dios

# Entre el léxico y la sintaxis: las fases de los eventos

PETER LANG
Bern · Berlin · Bruxelles · New York · Oxford

**Bibliographic information published by die Deutsche Nationalbibliothek**
Die Deutsche Nationalbibliothek lists this publication in the Deutsche Nationalbibliografie; detailed bibliographic data is available on the Internet at ‹http://dnb.d-nb.de›.

Esta publicación fue financiada por Grupo de investigación HUM-060 IDEA-TEXT. PENSAMIENTO, LENGUAS Y TEXTOS: ESTUDIOS TEÓRICOS, APLICADOS Y DIDÁCTICOS

ISSN 1424-8689
ISBN 978-3-0343-4173-8 (Print)
E-ISBN 978-3-0343-4204-9 (E-PDF)
E-ISBN 978-3-0343-4205-6 (EPUB)
E-ISBN 978-3-0343-4206-3 (MOBI)
DOI 10.3726/b17633


Wabernstrasse 40, CH-3007 Bern, Switzerland
bern@peterlang.com, www.peterlang.com

# Contenidos

# Presentación

En este trabajo pretendemos demostrar que la distinción de fases en los eventos permite entender adecuadamente su funcionamiento. Para desarrollar este objetivo, hemos dividido el contenido en cuatro capítulos. El primero tiene un carácter más general respecto al resto, ya que trata, precisamente, de la necesidad de distinguir fases; hacemos referencia a algunos trabajos en los que se defiende también esta idea y desarrollamos nuestra propuesta de estructura subeventiva compleja para algunos predicados de estado. A partir de aquí, en los tres capítulos sucesivos nos centramos en el análisis de una locución adverbial o de perífrasis verbales que se caracterizan, precisamente, por la focalización de una determinada fase del evento. En particular, en los capítulos segundo y tercero nos centramos en la focalización de la fase inicial: en el segundo a través de la locución adverbial *de sopetón* y en el tercero de las perífrasis incoativas e ingresivas <*empezar a* + infinitivo>, <*comenzar a* + infinitivo>, <*romper a* + infinitivo> y <*arrancar a* + infinitivo>. El cuarto capítulo está dedicado a la focalización de la fase final a través del análisis de las perífrasis aspectuales <*acabar de* + infinitivo> y <*dejar de* + infinitivo>.

Como el lector comprobará, en este trabajo se les dedica una especial atención a las restricciones semánticas y sintácticas que vienen impuestas léxicamente, lo cual explica la primera parte del título de este libro: *entre el léxico y la sintaxis*. En nuestro caso, estudiaremos que el significado de la locución o de las perífrasis condiciona su comportamiento sintáctico. En particular, prestaremos atención a las restricciones de tiempo y aspecto gramatical y a las de aspecto léxico, pues, como intentamos demostrar, son determinantes para analizar el comportamiento de las distintas estructuras. Por lo que respecta al aspecto léxico o modo de acción, si bien haremos referencia a la clasificación tradicional de Vendler (1957) en estados, actividades, realizaciones y logros, en numerosos casos desarrollaremos un análisis en rasgos accionales (como ya hicimos en Martínez-Atienza, 2014), tales como [+durativo], [+télico] o [-estativo], entre otros, puesto que hay predicados que no siempre encajan adecuadamente en la citada clasificación tradicional.

Siguiendo con las relaciones entre el léxico y la sintaxis, hablaremos de *combinaciones léxicas*, en particular en los capítulos segundo y tercero, donde comprobaremos que la locución *de sopetón*, por un lado, se combina de modo preferente con determinados predicados y, por otro lado, que algunos verbos presentan una alta frecuencia en el corpus como auxiliados de las perífrasis <*arrancar a* + infinitivo> y <*romper a* + infinitivo>. Con relación a este tema, nos parecen muy interesantes las palabras de Ignacio Bosque (2004: LXXIX) en la Presentación del *Diccionario Redes:*

> Es imposible prever todas las combinaciones léxicas que se permiten en las lenguas naturales. Si fuera posible preverlas, la sintaxis se reduciría, como es obvio, a la fraseología o a la lexicografía. [...] pero es igualmente claro que las combinaciones léxicas que podemos describir y analizar de manera relativamente sistemática -es decir, como parte objetiva del idioma- no se limitan a las locuciones y a los refranes [...] El sistema lingüístico fija muchas más opciones de las que solemos reconocer explícitamente.

Estamos de acuerdo con el estudioso en que no es posible prever todas las combinaciones; sin embargo, los significados de las palabras determinan que se combinen con unas antes que con otras, por tanto determinan su sintaxis y, a menudo, se puede hablar de *combinaciones léxicas* cuando el uso de la lengua manifiesta una frecuencia combinatoria mayor.

Por otro lado, precisamente por la necesaria atención que entendemos debe prestarse al uso de la lengua, en nuestro trabajo hemos analizado, fundamentalmente, ejemplos tomados de corpus, en particular del *Corpus del Español del siglo XXI* (*CORPES XXI*) de la Real Academia, que, como se indica en la página web de la Institución, desde diciembre de 2018 incluye más de 285000 documentos, lo que constituye, aproximadamente, 286 millones de formas que proceden tanto de textos escritos como de transcripciones orales, de un período temporal cuyos textos más antiguos datan de 2011 y llegan a nuestros días. Se trata, pues, de un extenso corpus de textos recientes.

No obstante, para entender el funcionamiento de las distintas unidades con las que trabajamos, consideramos muy importante el contraste con otros ejemplos agramaticales, ejemplos que, como es evidente, son fruto de nuestra introspección.

Por último, hemos procurado atender a las distintas variedades diatópicas de nuestra lengua, para lo que hemos recogido ejemplos del mencionado corpus, tanto de España como de los distintos lugares en los que se habla español; en efecto, *CORPES XXI* está constituido por textos que proceden de España, de América, de Filipinas y de Guinea Ecuatorial.

# SIGLAS Y ABREVIATURAS UTILIZADAS

| | |
|---|---|
| ATEN | perífrasis de atenuación del evento |
| CCTT | complementos temporales |
| COND | condicional |
| *CORPES XXI* | *Corpus del español del siglo XXI* de la Real Academia española de la Lengua (RAE) y de la Asociación de Academias de la Lengua española (ASALE) |
| *DLE* | *Diccionario de la lengua española* de la Real Academia española de la Lengua |
| ELC | Estructura Léxico Conceptual |
| EREC | perífrasis de eventualidad reciente |
| FASE | perífrasis de fase |
| FUT | futuro |
| *NGLE* | *Nueva gramática de la lengua española* de la RAE y ASALE |
| No PROT | no prototípico |
| PIMP | pretérito imperfecto |
| PPC | pretérito perfecto compuesto |
| PPLUSC | pretérito pluscuamperfecto |
| PPS | pretérito perfecto simple |
| PRES | presente |
| PROT | prototípico |
| TER | perífrasis terminativa |
| VPEO | verbos psicológicos de experimentante objeto |

# CAPÍTULO PRIMERO

# SOBRE LOS PREDICADOS DE ESTADO Y LA DISTINCIÓN DE FASES EN LOS EVENTOS

## 1. Introducción

En este primer capítulo de nuestro trabajo, haremos un recorrido por algunos de los rasgos característicos de los predicados de estado y hablaremos de la necesidad de distinguir clases entre ellos; al respecto, recogeremos algunas de las principales propuestas. Comprobaremos que, si bien la agentividad ha sido tradicionalmente considerada como rasgo del que carecían los predicados de estado, algunos lo manifiestan, así como el control del evento por parte del sujeto, sin que por ello hayan de ser incluidos en otras clases de predicados. Nos referiremos también a la denominada "propiedad del subintervalo".

En la segunda parte del capítulo, hablaremos del dinamismo, propiedad de los predicados que implica un cambio y de la que tradicionalmente también se ha considerado que carecían los predicados de estado. A partir de aquí, hablaremos de la distinción de fases en los eventos, que permite explicar el funcionamiento sintáctico de los distintos predicados, en particular, la posibilidad de combinarse o no con unos complementos temporales u otros. Para ello, haremos referencia a algunos de los trabajos que defienden la necesidad de distinguir fases y mostraremos posteriormente nuestra propuesta de estructura subeventiva compleja para determinados predicados estativos.

## 2. En torno al aspecto léxico de los predicados

Tal y como se ha venido demostrando en las últimas décadas, parece que la distinción en cuatro tipos de predicados desde el punto de vista del aspecto léxico o modo de acción que estableció Vendler (1957) no está absolutamente determinada léxicamente, esto es, en la lexía verbal, sino que, más bien, habría algunos rasgos generales que sí estarían determinados, como *cambio de estado* o *causa*, y la especificación posterior dependería del contexto sintáctico en el que aparecen. Esto explicaría que una misma lexía verbal se pudiera manifestar como actividad (por tanto, como predicado atélico) o como realización (por tanto, télico).

En esta línea de investigación hay que situar, por un lado, la Estructura Léxico Conceptual (ELC), que, a su vez, presenta distintas sublíneas y que tiene en cuenta las características del verbo como unidad léxica y la descomposición de este en unidades semánticas inferiores. Aquí se sitúan estudiosos como Dowty (1979), Jackendoff (1990), Morimoto (2001), Levin y Rappaport-Hovav (2005) o Ramchand (2008). En particular, esta última estudiosa descompone la categoría léxica del verbo en distintas proyecciones que dan lugar a las características aspectuales de los predicados. Por otro lado, se distingue el neoconstruccionismo, de acuerdo con el cual las características aspectuales están determinadas por la propia estructura sintáctica. Aquí se sitúan autores como Borer (2005) o Travis (2000). En la primera línea el contenido léxico del verbo es más determinante que en la segunda, donde la sintaxis tiene mayor repercusión. En este trabajo, nos posicionamos a favor de la primera.[1]

1 Véase Arche (2016: 8–11) sobre ambas líneas de investigación y quienes las desarrollan.

# 3. Los predicados estativos y su tipología

En las últimas décadas, parece haber cierto acuerdo entre los especialistas sobre la heterogeneidad de los predicados de estado, clase que distinguimos de acuerdo con el criterio del aspecto léxico. Esto ha conducido a proponer subclases dependiendo de distintos criterios. Entre las propiedades consideradas como características de estos predicados, figuran la duración, la atelicidad y la carencia de agentividad por parte del sujeto, algunas de las cuales, al no ser cumplidas por predicados tradicionalmente incluidos en la clase de los estados, ha conducido a distintos replanteamientos de esta clase accional.

## *3.1. Los predicados estativos permanentes y estativos no permanentes*

Carlson (1977) establece para el inglés una distinción que ha sido retomada en múltiples ocasiones entre los que denominó predicados *individual-level* y *stage-level*, esto es, entre los que atañen a las características del propio individuo o bien a determinados períodos o estadios de su vida.

Una década después, Bertinetto (1986: 298–299) propone una distinción dentro de los predicados estativos entre los que denomina "permanentes" y "no permanentes", que se corresponde, *grosso modo*, con la que distinguía Carlson (1977) entre los *individual-level* y *stage-level*. Los estativos permanentes caracterizan al sujeto a lo largo de su vida, mientras que los no-permanentes están sujetos a la transitoriedad y, según defiende, a menudo manifiestan un comportamiento cercano al de las actividades ("continuativos" en su terminología). Recogemos los contrastes de gramaticalidad que presenta Bertinetto entre uno y otro grupo de estativos, traducidos por nosotros al español; los primeros dos ejemplos corresponden a los permanentes y los segundos a los no permanentes:

(1) *Alfonso ha descendido de familia noble {en dos años/durante dos años/desde hace dos años}.

(2) *Alfonso ha descendido de familia noble {desde 1975 hasta 1981/hasta 1981/entre 1975 y 1981}.

(3) Rocco ha tenido un orzuelo {*en un mes/durante un mes/*desde hace un mes}.

(4) Rocco ha tenido un orzuelo {desde marzo hasta junio/hasta junio/entre marzo y junio}.

Comprobamos que los estativos permanentes resultan agramaticales con cualquiera de los complementos temporales, puesto que se desarrollan a lo largo de la vida del sujeto y ello impide que estén sometidos a periodización. Sin embargo, los estativos no permanentes sí son compatibles con determinados complementos: con los introducidos por la preposición *durante* y no *en*, debido a la atelicidad, comportamiento similar al que manifiestan las actividades: *Pedro ha leído {*en una hora/durante una hora}.*

La distinción entre estados de nivel individual (*individual-level*) y de estadio (*stage-level*) fue también tratada algunos años después por Kratzer (1995), quien sostiene que a estos dos tipos de predicados les corresponden dos estructuras argumentales distintas. Asimismo, fue también retomada por Escandell y Leonetti (2002).

Posteriormente, Cunha (2011) ha defendido que la oposición entre los verbos *ser* y *estar* en contextos predicativos refleja la oposición existente entre los predicados *individual-level* (construidos con *ser*) y *stage-level* (con *estar*) (véase también sobre esta idea Bosque y Gutiérrez-Rexach, 2009: 314–315). Defiende, en definitiva, dos distinciones dentro de los tipos de estado: una de carácter aspectual, que los divide en fasales y no fasales, y otra distinción de tipo temporal, que distingue los predicados de nivel individual y los de estadio. Volveremos más abajo sobre estas ideas.

### 3.2. *El rasgo [+agentivo] y/o [+controlador] de algunos predicados estativos*

La distinción entre los tipos de predicados desde el punto de vista del aspecto léxico, modo de acción o *Aktionsart* está basada en los rasgos semánticos y en la repercusión sintáctica que caracteriza a cada predicado. Uno de los rasgos que tradicionalmente se les ha atribuido a los predicados estativos es la ausencia de agentividad del sujeto: en efecto, expresan estados de cosas o características del sujeto, por lo tanto, dicho sujeto experimenta, sufre, padece, etc., el evento, pero no lo realiza. Este rasgo se manifiesta sintácticamente en una serie de comportamientos que distinguen a los estados de otros predicados cuyo sujeto sí es agentivo, como son:

1) El rechazo del imperativo, puesto que con este modo verbal el hablante intenta controlar la conducta del oyente.
2) Los adverbios o locuciones adverbiales modales como *intencionadamente, voluntariamente, por decisión propia,* que están orientados a la agentividad del sujeto.
3) La incompatibilidad con oraciones escindidas con el verbo *hacer* como <*lo que hizo fue…*>.
4) La imposibilidad de ser complemento de verbos como *convencer* o *persuadir*.

De Miguel (1999: 3015 y 3016) advierte de la necesidad de distinguir entre la agentividad y el dinamismo de los predicados: el hecho de que los estados rechacen contextos como los incluidos en las cuatro pruebas anteriores no tiene que ver con la ausencia de cambio por parte de estos predicados, sino con la falta de agentividad del sujeto.

El trabajo clásico de Bertinetto (1986), al hablar de la ausencia de agentividad de los predicados estativos, afirma que no es cumplida por todos los predicados de esta clase. A las cuatro pruebas que hemos recogido arriba, añade las propuestas por Lakoff (1966), que incluimos aquí traducidas al español e ilustradas con ejemplos similares a los que él propone para el italiano:

1. El uso de ciertos adverbios modales: **Ricardo lo supo con entusiasmo/de malagana.*
2. La presencia de elementos "pro-verbales": **Silvia prefería las croquetas y José hacía lo mismo.*
3. La aparición de sintagmas como *por amor de, en el interés de*: **Beatriz era muy alta por amor mío.*
4. La unión de oraciones mediante *en lugar de*: **Antonio comprendía muy bien el problema, en lugar de preocuparse.*

Destaca Bertinetto (1986: 252) que, en efecto, no todos los predicados estativos carecen del rasgo agentivo; utiliza como pruebas de ello la posibilidad de ser complemento de un verbo como *convencer* y la compatibilidad con sintagmas como *por amor a mí*, que hemos ilustrado en 3. Incluimos a continuación los ejemplos que él recoge con la correspondiente traducción nuestra al español:

(5) *Ho convinto Memo a {lavorare in banca/credere nella buona sorte}.*
He convencido a Memo para {trabajar en banca/creer en la buena suerte}.

(6) *Tommaso fa l'avvocato {per amor mio/nell'interesse della sua famiglia}.*
Tomás ejerce como abogado {por amor a mí/por el interés de su familia}.

Habría, por lo tanto, algunos predicados estativos que tendrían sujeto agentivo, como los expuestos en (5) y (6).

En esta misma línea, consideramos muy interesante la propuesta de Morimoto (2011), quien defiende la existencia de predicados estativos cuyo sujeto controla el evento, como *estarse de pie* o *estarse quieto*; distingue, pues, entre la agentividad y el control por parte del sujeto. Además, se refiere a otros gramáticos que vieron en el pronombre *se* que aparece con estos predicados una marca de agentividad, como es el caso de Bello (1847: §764): "*Estarse* es permanecer voluntariamente en cierta situación o estado". En esta misma línea se pronuncia Sánchez López (2002: 121) al afirmar que el sujeto de *estarse* es responsable del evento que denota el predicado y, por lo tanto, tiene rasgos de agentividad. Explica también que por este motivo solo la forma pronominal del verbo *estar* puede aparecer en la segunda persona del imperativo: *estate quieto.*

Llama la atención, no obstante, Morimoto (2011) sobre el hecho de que no se trate de un sujeto agentivo, puesto que no realiza acción alguna, sino de un sujeto controlador del evento. Se refiere a otros trabajos precedentes que analizaron las diferencias entre unos y otros predicados estativos con relación a la agentividad. Es el caso de Dowty (1979), quien distingue entre predicados estativos agentivos, como *estar de pie* o *estar tumbado*, y no agentivos, como *estar dormido* o *amar*. Otros, como *ser cortés* o *ser un héroe*, pueden recibir tanto la interpretación agentiva como la no agentiva. Menciona también la estudiosa a Bach (1986: 6), quien distingue entre los "estativos dinámicos", que son predicados como *estar tumbado* o *estar de pie*, y los "estativos estáticos", como *estar borracho* o *parecerse a*.

Defiende Morimoto (2011: 133) que el sujeto de *estarse* es controlador y no agentivo, debido a que "Estar sentado o estar de pie pueden suponer cierto control por parte del individuo que se mantiene en esas posiciones; no obstante, la realización de una acción no forma parte de ese mantenimiento de posición". Sostiene que estos predicados siguen siendo estativos, si bien, debido al rasgo de control, son compatibles con determinados contextos que implican dinamismo. Concluye así su trabajo:

> Si nos mantenemos fieles al criterio de homogeneidad, los predicados como *ser bueno, merecer lo que gana* o *tener paciencia* deberán clasificarse como estados. Ahora bien, si decidiésemos otorgar una mayor relevancia al criterio de control en nuestra división de estados y actividades, obtendríamos una clasificación más coherente con los datos observados en las últimas dos secciones. Una tercera opción sería reconocer una clase intermedia entre estados y actividades, que englobaría las situaciones homogéneas con el rasgo de control (p. 137).

Marín (2011), en un trabajo publicado, al igual que Morimoto (2011), en el libro editado por Carrasco Gutiérrez *Sobre estados y estatividad,* defiende también la necesidad de distinguir tipos de predicados estativos. Su trabajo tiene por objeto de estudio los predicados psicológicos como *preocuparse, avergonzarse, enfadarse* o *sorprenderse*, entre otros. Distingue dos grupos dentro de lo que denomina "Verbos psicológicos de experimentante objeto (VPEO)": los que incluye en el grupo de (7), cuyo sujeto nunca es agentivo, y los de (8), que pueden tener un sujeto agentivo:

(7) *angustiar, conmocionar, deprimir, desesperar, disgustar, enfadar, obsesionar, preocupar,* etc.

(8) *(des)animar, asombrar, confundir, consolar, distraer, estimular, molestar, humillar, sorprender*, etc.

Ilustra con varias pruebas sintácticas las diferencias entre unos predicados y otros. Así, los VPEO agentivos, incluidos en (8), responden a la pregunta *¿Qué ha hecho X?,* pero no los primeros. Recogemos los ejemplos que propone Marín (2011: 33):

(9) *¿Qué (es lo que) ha hecho?*
  a. *Ha obsesionado/preocupado a sus padres.
  b. Ha humillado/seducido a Mafalda.

Obtiene contrastes de gramaticalidad similares con adverbios modales orientados a la agentividad del sujeto, como *prudentemente* o *intencionadamente,* con el imperativo, la pasiva con *ser* o las nominalizaciones en *-dor*.

Junto a las diferencias entre estos dos tipos de verbos psicológicos con relación a la agentividad, se refiere a otros criterios que permiten diferenciar las dos clases, como la telicidad[2]: los VPEO no agentivos aceptan los complementos temporales introducidos por *durante*, pero no los introducidos por *en*. Por otro lado, no permiten la interpretación habitual en presente ni adverbios como *lentamente* o *pausadamente*, que implican un progreso del evento.

Posteriormente, distingue dos subgrupos dentro de los verbos psicológicos agentivos: aquellos cuyo sujeto no es animado y aquellos cuyo sujeto lo es. Los primeros, como *agobiar, confundir, distraer* o *molestar*, no son télicos, ni dinámicos, ni manifiestan una lectura habitual, lo cual los acerca a los verbos psicológicos de sujeto no agentivo y muestran un claro carácter estativo. Frente a ellos, los de sujeto animado, entre los cuales, a su vez, distingue dos tipos: los que manifiestan un comportamiento similar a *humillar* y los que lo manifiestan similar a *molestar*. Los segundos tienen el mismo comportamiento sintáctico que el de los verbos psicológicos de sujeto agentivo inanimado (entre otras características, son atélicos y por lo tanto rechazan los complementos introducidos por *en* y aceptan los introducidos por *durante*; rechazan una interpretación habitual en presente y los adverbios que indican la progresión del evento, como *lentamente*). Frente a ellos, los que se comportan como *humillar*, sí se distancian del resto de verbos psicológicos en varios comportamientos sintácticos: muestran telicidad al combinarse con complementos introducidos por *en* y manifiestan una interpretación habitual en presente.

Defiende, en definitiva, que todos los predicados psicológicos deben considerarse estativos; solo un número reducido de ellos, con comportamiento similar a *humillar* o *seducir*, cuando tienen sujeto animado, manifiestan un comportamiento télico. Los otros predicados psicológicos, incluidos los que tienen sujeto agentivo, manifiestan un claro comportamiento estativo.

---

2 Véase Pérez Jiménez y Moreno Quibén (2007) sobre la relación existente en español entre la característica sintáctica de la inacusatividad y la aspectual de la telicidad.

### 3.3. *La propiedad del subintervalo en los predicados estativos*

Los predicados estativos se caracterizan por cumplir la propiedad del subintervalo, de acuerdo con la cual el evento se cumple en cada uno de los instantes en que pueda subdividirse el período de tiempo en que tiene lugar, es decir, si afirmamos que Ricardo es de Córdoba, es verdad sin que haya un solo instante en que no lo sea, lo cual lo distingue de otros predicados atélicos, como las actividades; en efecto, si afirmamos que Juan está limpiando la ventana (actividad), es verdad aunque a lo largo del período pueda producirse alguna interrupción porque Juan descansa unos segundos, se seca la frente o bebe agua. Dowty (1979) caracteriza esta propiedad afirmando que se predica de un determinado intervalo siempre que el evento suceda en cada subintervalo de dicho intervalo.

Smith (1991: 37) presenta una caracterización de esta propiedad que nos parece más clara que la anterior por estar ilustrada con ejemplos:

> When a state holds for a certain period of time, the whole schema is true every moment. In contrast, particular stages of an event hold at particular moments in time [...]. When John owns a horse for a week there is no moment throughout the week during which he did not own the horse in just the same way as every other. Similarly if Mary is tall, or knows French, the state obtains without variation during the period involved [...]. When a state holds for an interval it does so at the smallest sub-interval of that interval.

> Cuando un estado se mantiene durante un cierto período de tiempo, el esquema completo es verdadero en cada momento. Como contraste, las etapas particulares de un evento se mantienen en momentos particulares de tiempo [...]. Cuando John tiene un caballo durante una semana no hay un solo momento a lo largo de la semana durante el cual no tenga el caballo del mismo modo que en el resto de los momentos. De forma similar, si Mary es alta o sabe francés, el estado se mantiene sin variación durante el período implicado [...]. Cuando un estado se mantiene durante un intervalo, es así en el subintervalo más pequeño de ese intervalo.

En sentido estricto, la propiedad del subintervalo la poseen exclusivamente los predicados estativos.[3] Creemos conveniente distinguirla de la propiedad de la homogeneidad, de acuerdo con la cual un predicado

3 Véase Jaque Hidalgo (2014: 28–33) para un breve recorrido sobre la semántica de intervalos.

no tiene límites internos; es el caso de los predicados atélicos, por tanto, son homogéneos los estados y también las actividades, frente a las realizaciones y a los logros, de carácter heterogéneo por estar orientados a un *telos* o meta. Bertinetto (2001: 11) considera que solo si las interrupciones de las actividades a las que nos hemos referido arriba se consideran pragmáticamente irrelevantes (secarse la frente o beber agua mientras se realiza la actividad de limpiar las ventanas), podemos afirmar que las actividades también poseen la propiedad del subintervalo; desde nuestro punto de vista, sin embargo, es más adecuado restringirla a los predicados estativos, que la cumplen en un sentido estricto del término.

Se habla también de *densidad* como característica de los estados equivalente a la propiedad del subintervalo; efectivamente, son predicados densos, puesto que tienen lugar a lo largo del período sin interrupción alguna y sin que haya intervalos en los que el evento no tenga lugar. Afirma al respecto Bertinetto (2001: 12) que los estados se oponen a los eventos dinámicos también porque "no tienen granularidad interna: son densos, esto es, su estructura es isomorfa con la estructura del tiempo"; hace referencia a Landman (1991: 106), para quien una estructura temporal es densa si entre cada dos puntos hay un tercero.

Volvemos a continuación a la homogeneidad de los predicados, propiedad a la que hemos hecho referencia en el apartado anterior al hablar del subintervalo. Hay diversas pruebas que muestran la diferencia entre predicados homogéneos y heterogéneos. Como ya hicimos en Martínez-Atienza (2012: 90 y 91), presentamos aquí las principales que recoge Declerck (1979: 763 y 764). En primer lugar, ante una pregunta como: "Si uno estaba <verbo en gerundio>, pero fue interrumpido mientras <verbo en pretérito imperfecto>, ¿ha <verbo en participio>?, la respuesta es afirmativa en el caso de los homogéneos y negativa en el de los heterogéneos. Lo ilustramos con la actividad *comer* para los primeros y con la realización *comer un bocadillo* para los segundos:

(10) a. Beatriz comía.
b. Si Beatriz estaba comiendo, pero fue interrumpida mientras comía, ¿ha comido? Sí.

(11) a. Beatriz comía un bocadillo.
b. Si Beatriz estaba comiendo un bocadillo, pero fue interrumpida mientras comía un bocadillo, ¿ha comido un bocadillo? No.

Recoge Declerck (1979: 763) también la siguiente prueba, variante de la anterior:

> Si de una oración con la forma progresiva se puede inferir la verdad de una oración con el verbo en pasado, el predicado es homogéneo, y si no, heterogéneo.

Comprobémoslo con los siguientes ejemplos:

(12) a. Roberto estaba escribiendo anoche.
b. Roberto escribió anoche.

(13) a. Roberto estaba escribiendo el editorial anoche.
b. Roberto escribió el editorial anoche.

A partir de (12a), predicado [+durativo] [-télico], por tanto actividad, podemos inferir (12b), pero no ocurre lo mismo entre las oraciones que aparecen en (13), cuyo predicado tiene los rasgos [+durativo] [+télico], es decir, se trata de una realización. De (13a), con un predicado heterogéneo, no es posible inferir (13b), si bien tampoco podemos negar que Roberto escribiera el editorial anoche. Comprobamos, por tanto, que estas pruebas permiten distinguir predicados de actividad y de realización, respectivamente con el rasgo de la homogeneidad y de la heterogeneidad, pero vemos, además, que la homogeneidad es distinta de la propiedad del subintervalo, característica de los estados.

## 4. El dinamismo de algunos predicados y la distinción de fases

Tradicionalmente, el dinamismo ha sido considerado como una propiedad que distinguía a los estados del resto de los predicados. Los primeros, frente a los segundos, carecían de este rasgo. El dinamismo implica un cambio, un avance en el evento, característica que se excluía de los estados y se tomaba como propia del resto de los predicados. Al respecto afirma De Miguel (1999: 3012) que "un estado es un evento que no ocurre, sino que se da", de ahí la presencia de contrastes como los siguientes que presenta (pp. 3011 y 3012):

(14) Ocurrió que la fruta maduró.

(15) Ocurrió que se volvió ecologista.

(16) *Ocurrió que la fruta estuvo verde.

(17) *Ocurrió que fue ecologista.

El dinamismo ha llevado, precisamente, a distinguir entre "estados", por una parte, y "eventos", por otra, si bien nosotros usaremos el segundo término para englobar unos y otros predicados.

Como en el caso de la agentividad, la ausencia de cambio se manifiesta en una serie de comportamientos sintácticos, entre ellos, el rechazo de la perífrasis progresiva <*estar* + gerundio>:

(18) *Felipe está teniendo un cortijo en Jaén.

(19) *Lourdes está siendo rubia.

(20) Pedro está siendo inteligente y por eso logrará obtener los mejores resultados.

Observemos que en el tercer ejemplo el predicado *ser inteligente* no se interpreta como un rasgo que caracterice al sujeto y por lo tanto como un estado, sino como un comportamiento: "se está comportando de modo inteligente". Este es, pues, el motivo de la gramaticalidad de la oración y del contraste con las otras dos.

Sin embargo, en los últimos años hemos ido observando que numerosos predicados estativos manifiestan un comportamiento dinámico, esto es, implican un cambio en el evento, como lo hacen también las actividades o las realizaciones, que indican procesos. Esto explica que obtengamos resultados gramaticales al combinarlos con la perífrasis <*estar* + gerundio> o con adverbios o locuciones como *lentamente* o *poco a poco*, que implican un avance en el evento y que son dos de las pruebas sintácticas que se han utilizado tradicionalmente para diferenciar entre predicados dinámicos y no dinámicos (sobre estas y otras pruebas, véase De Miguel, 1999: 3018–3022):

(21) Está odiando al profesor cada vez más.

(22) Estamos conociéndonos con calma.

(23) *Ignacio tiene un piso en la playa lentamente.

Predicados como *odiar* o *conocer*, si bien son estativos, implican fases del evento, de ahí que resulten compatibles con locuciones como *con calma* o con la perífrasis <*estar* + gerundio>, como comprobamos en los ejemplos de (21) y (22), incompatibles con la mayoría de los predicados de estado, como ilustramos en (23).

Cunha (2011), en el trabajo al que nos hemos referido arriba, distingue a propósito del dinamismo dos tipos de predicados estativos: los estados con fase (*phase states*) y los estados sin fase (*non-phase states*). Solo los primeros comparten ciertas propiedades con los predicados dinámicos; poseen el rasgo que él denomina "fasabilidad", que, tal y como afirma, utiliza ya en trabajos precedentes (Cunha, 1998). Se refiere con ello a la propiedad de los "estados fasales", que pueden incorporar el rasgo [+dinámico] y funcionar así como predicados que indican un proceso. Aquellos estados que no cumplen estas características serían los no-fasales, esto es, los que manifiestan un comportamiento estativo con independencia del contexto de aparición.

Utiliza diversas pruebas sintácticas para distinguir uno y otro grupo, a algunas de las cuales nos acabamos de referir: los no-fasales no pueden aparecer con las perífrasis <*estar* + gerundio> ni <*comenzar a* + infinitivo>; tampoco pueden aparecer con estructuras temporales introducidas por *cuando*. Recogemos algunos ejemplos similares a los que incluye el autor:

(24) Pedro y Esther están viviendo en Helsinki.

(25) La niña está comenzando a ser más extrovertida.

(26) *Felipe está teniendo el pelo rubio.

(27) *Mi mesa de trabajo comenzó a ser blanca.

Destaca, por otro lado, que en aquellos casos en que aparece una oración temporal introducida por *cuando*, los estados no fasales no pueden formar la oración principal correspondiente con el verbo en pretérito perfecto simple:

(28) Cuando ascendió en el trabajo, vivió en una casa más grande.

(29) *Cuando vino de la compra, Nuria tuvo el pelo moreno.

Concluye, pues, que existen ciertos estados que se comportan de modo muy parecido a los procesos, pero que son fundamentalmente estativos y tal comportamiento se debe a determinados contextos que favorecen esta interpretación. En definitiva, el dinamismo tampoco es un rasgo del que carezcan todos los predicados de estado.

Nos detendremos a partir de aquí en la idea de las fases de los eventos y, de modo particular, en las fases de los predicados de estado.

### *4.1. Los estados como predicados con estructura subeventiva simple: Pustejovsky (1991) y (1995)*

La hipótesis fundamental que defiende Pustejovsky (1991) y (1995) consiste en distinguir una estructura subeventiva diversa para los distintos grupos de predicados desde el punto de vista del aspecto léxico o modo de acción. Entre otros argumentos a favor de esta hipótesis, presenta casos de modificación adverbial de los predicados que se explican gracias a esta estructura. En Martínez-Atienza (2012), analizábamos de acuerdo con esta hipótesis la modificación que ejercían en los predicados complementos temporales introducidos por *da*, *depuis* y *desde hace*, respectivamente para el italiano, el francés y el español.

El mencionado autor distingue tres tipos de estructuras subeventivas. En primer lugar, en lo que se refiere a los predicados estativos, teniendo en cuenta su ausencia de progresión en la línea temporal y la carencia de *telos* que los caracteriza, Pustejovsky (1991: 56 y 57) propone un único subevento en su estructura, que representa del modo siguiente (**S** simboliza el estado y **e** el subevento); los estados son, pues, de acuerdo con su propuesta, los predicados que tienen la estructura más simple:

(30)

En lo que respecta a las actividades, Pustejovsky (1991: 56) distingue dos subeventos en su estructura que están ordenados temporalmente entre sí: el primero de ellos representa el inicio de la actividad y el segundo la progresión temporal del proceso. Incluimos a continuación la representación gráfica que propone, donde **P** indica el proceso:

(31)

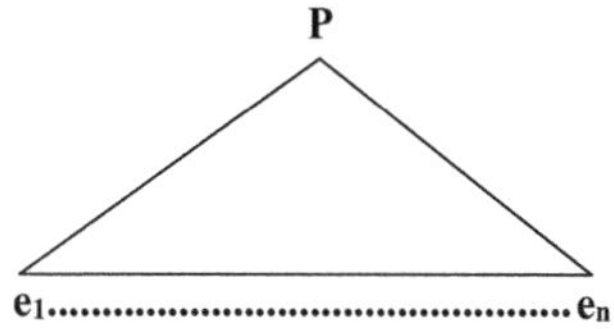


En tercer lugar, presenta una estructura muy parecida para las realizaciones y los logros, ambos predicados télicos que engloba con el término *transitions* (transiciones). Tanto las realizaciones como los logros están formados por dos subeventos distintos y lo que los diferencia es que en las realizaciones el subevento primero es una actividad y en los logros un subevento puntual. Empezamos por la representación de los primeros predicados:

(32)

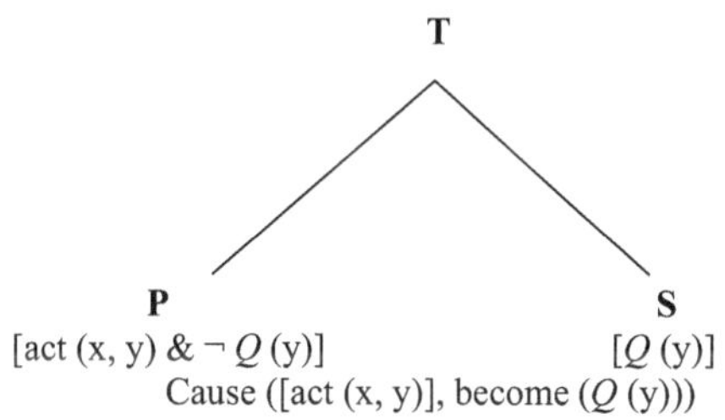


**T** representa "la transición", **P** "el proceso" y **S** "el estado". Debajo de **P** se indica la actividad (act) que conduce al cambio de estado implicado en las realizaciones. El segundo subevento, **S**, es el estado resultante tras el cambio, esto es, tras la adquisición del *telos* del evento. Como podemos deducir de esta representación, el primer subevento en las realizaciones es durativo, a diferencia de lo que comprobaremos a continuación en el caso de los logros.

En el gráfico siguiente presentamos la estructura que propone para esta última clase de predicados:

(33)

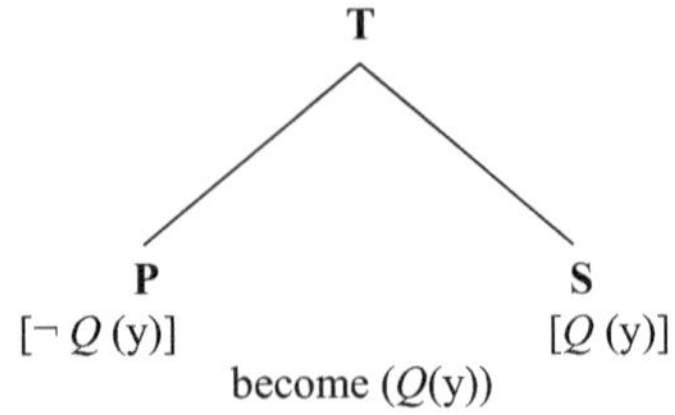


Como se puede observar, el primer subevento no está constituido por una actividad, a diferencia de lo que veíamos a propósito de las realizaciones. En este caso el primer subevento implica el cambio de estado y el segundo el estado resultante tras dicho cambio de estado. El primero tiene, además, carácter puntual, a diferencia de las actividades y de las realizaciones; es, precisamente, en este primer subevento no durativo en el que radica la diferencia con estos últimos predicados.

Esta es, pues, la propuesta de Pustejovsky (1991) sobre la estructura subeventiva de los predicados, en la que comprobamos que los estados son los únicos cuya estructura subeventiva es simple.[4]

### *4.2. Los logros como predicados complejos: De Miguel y Fernández Lagunilla (2000)*

#### *4.2.1. El subevento estativo o de proceso de los logros*

A diferencia de lo defendido por Zagona (1996), De Miguel y Fernández Lagunilla (2000) sostienen que la perfectividad ha de ser distinguida de la culminación. Para ellas hay predicados perfectivos como *explotar* o *llegar,* que tienen lugar en un punto de la línea temporal y que, de acuerdo con la estructura subeventiva que proponen a partir de la teoría de Pustejovsky (1991), constan de una única fase, por lo que los denominan "logros simples". A diferencia de estos predicados perfectivos, otros como *marearse* o *hervir* constituyen eventos complejos,

4 Junto a Pustejovsky (1991), varios han sido los trabajos en los que se ha propuesto una estructura subeventiva para los predicados, entre otros, Jackendoff (1990 y 1996), Hale y Keyser (1993) y Tenny (1994), a los que añadimos los que analizamos de forma más detenida en nuestro trabajo.

puesto que culminan en un punto inicial, pero tras este punto dan lugar a una fase o subevento posterior a dicho inicio. A su vez, esta fase puede ser un estado, como en *marearse*, o un proceso, como en *hervir*. Esto explica que puedan ser modificados por complementos puntuales y también durativos, como ilustran con los siguientes ejemplos (p. 25):

(34) El sol se ocultó en un instante.

(35) El agua hirvió en un instante.

(36) El sol se ocultó un rato (=se mantuvo oculto)

(37) El agua hirvió un rato (=se mantuvo hirviendo)

Defienden que el clítico aspectual *se* exige que los predicados culminen en un punto que vaya seguido de un estado, de ahí que sea necesario que tengan una estructura compuesta por fases: es posible con predicados como *marearse* u *ocultarse*, pero no con otros como *hervir* o *florecer*, que van seguidos de un proceso, ni con *llegar* o *explotar*, que constan exclusivamente del punto en que tiene lugar el evento. Por ello, distinguen varios tipos de logros según su estructura, para lo que parten de la teoría de los subeventos propuesta por Pustejovsky (1991). Entre los argumentos que utilizan para demostrar la existencia de subeventos figura la combinación de los predicados con adverbios de foco como *solo, incluso, también*, etc., así como con los adverbios aspectuales *ya* y *aún*.[5]

La posibilidad que presentan los logros *ocultarse* o *hervir* de combinarse tanto con los complementos *en un instante* como *un rato* los distingue de logros como *llegar* o *nacer*, que solo pueden combinarse con los primeros, como también ilustran las autoras (p. 25):

(38) a. Juan llegó {en aquel momento/a las dos}.
b. El niño nació {en un abrir y cerrar de ojos/a las dos}.
c. *Juan llegó un rato.[6]
d. *El niño nació un rato.

---

5 Véase también al respecto Fernández Lagunilla y De Miguel (1999).

6 Sí resulta gramatical una oración como *Juan se llegó un rato,* característica de un registro coloquial. En este caso, sin embargo, lo que se cuantifica es el estado resultante tras la llegada, de modo que la oración podría parafrasearse por 'Juan estuvo un rato'.

De acuerdo con estas diferencias, proponen los siguientes tipos de logro (p. 28):

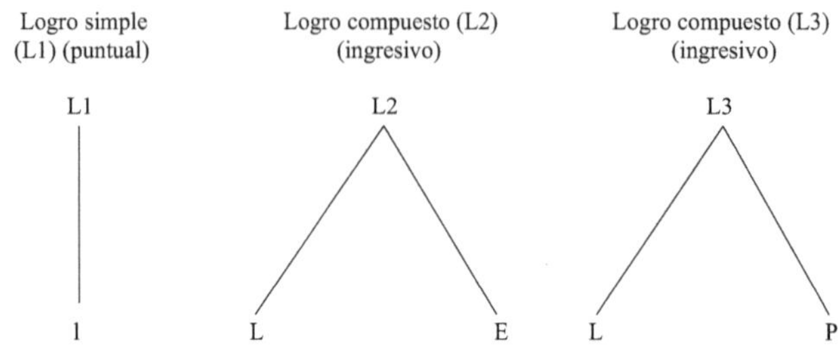


Tal y como explican, la primera estructura corresponde a aquellos logros que no constan de fases, sino que tienen lugar en un determinado punto de la línea temporal. Figuran aquí predicados como *explotar* o *llegar*. En segundo lugar, los logros compuestos (L2) están constituidos por dos fases: la inicial, de carácter puntual, y la final, de carácter estativo. Entre los ejemplos de este tipo, figuran *ocultarse* o *marearse*. En tercer lugar, los logros compuestos (L3) también constan de dos fases, pero mientras que la inicial también tiene carácter puntual, la final, a diferencia de los logros L2, está constituida por un proceso; corresponde a predicados como *florecer* o *hervir*.

Partiendo, precisamente, de la hipótesis de que algunos predicados pueden descomponerse en distintas fases, analizan el clítico *se* como un operador aspectual de naturaleza cuantificacional, que focaliza una fase del evento del predicado con el que se combina, concretamente, indica que el evento culmina en un punto que da lugar a un cambio de estado (véanse también Fernández Lagunilla y De Miguel, 1998, García Fernández, 2011 y Mendikoetxea, 1999; esta última autora las incluye entre las *construcciones medias con* se). Hacen referencia a otros trabajos sobre el clítico, entre ellos al repaso bibliográfico de Narbona (1984), en el que consta que en numerosos estudios tradicionales se atribuye a este clítico un valor enfático, lo que está en consonancia con el análisis como elemento cuantificacional que proponen. Por otro lado, se refieren al trabajo de Rigau (1994), quien lo defiende como clítico argumental benefactivo que figura exclusivamente en contextos perfectivos. Señalan que esta propuesta no explica el motivo por el que algunos verbos con argumento interno no pueden aparecer con *se*, como *entrar, estallar* o *explotar*. Tampoco explica la razón por la que *ver* acepta el clítico si el complemento directo es *la película*, pero no si es *la costa*, como ilustran con el par de ejemplos que proponen (p. 20): *Me vi la película en un par de horas* Vs. **Me vi la costa y me dirigí a ella*.

Otro de los trabajos al que se refieren es Sanz (1995), para quien es un elemento no argumental que aparece en contextos télicos; critican que esta propuesta no explique el motivo por el que, entre otros, un verbo como *entrar* no admita *se*.

Por último, hacen referencia a Zagona (1996), que lo defiende como operador verbal que marca la culminación, concepto equivalente para la autora al de terminación y a perfectivo. Difieren al respecto De Miguel y Fernández Lagunilla (2000), para quienes un evento puede culminar en un determinado momento, sin que ello implique que haya terminado y, al contrario, haber acabado sin haber culminado.

Junto al clítico *se*, argumentan la existencia de fases en los predicados a través del prefijo *re-*, que puede aportar un significado intensivo al verbo al que modifica o bien un significado iterativo o repetitivo. Esta repetición puede referirse al evento completo o a su fase inicial. Con los siguientes ejemplos ilustran estas posibilidades (p. 16):

(39) Juan retiene el libro, aunque en la biblioteca se lo reclaman.

(40) Juan rebuscó la nota entre sus papeles de forma desesperada.

(41) Juan releyó el libro.

(42) Juan recondujo la situación.

Los dos primeros enunciados expresan un evento que el sujeto realiza intensamente, puesto que el prefijo *re-* se combina en estos casos con predicados que carecen de fases; en efecto, el *DLE* define *retener* como "Impedir que algo salga, se mueva, se elimine o desaparezca", y *rebuscar* "Escudriñar o buscar con cuidado". En el tercer ejemplo, sin embargo, se expresa un evento repetido una vez que ha alcanzado su final (el *DLE* define este verbo como "Leer de nuevo o volver a leer algo") y, por último, (42) hace referencia a un evento que, una vez comenzado, inicia nuevamente (el *DLE* lo define como "Volver a llevar a una situación normal cualquier cuestión, objeto o proceso"). La diferencia entre el tercer ejemplo y el cuarto reside, pues, en que las fases culminantes del evento son, respectivamente, la final y la inicial.

#### 4.2.2. *Adverbios que indican fases de los eventos*

Los predicados de realización constan también de fases, puesto que están formados por un proceso que va seguido u orientado hacia una meta. La combinación con el adverbio *casi* demuestra la existencia de las dos fases. Observemos los siguientes ejemplos:

(43) Casi me resbalo al ir esta mañana al trabajo, menos mal que iba con Ignacio y me pudo sujetar.

(44) Esta tarde casi corro por el parque cercano a casa, pero empezó a llover y decidí hacer bicicleta estática.

(45) Pedro y yo casi residimos en Montevideo, pero al final nos quedamos en Buenos Aires.

(46) Con tantas corrientes, el bebé casi estornuda mientras estábamos en la sala de espera de pediatría, por eso cerramos las ventanas.

(47) Esta tarde casi corro 4km por el parque {pero me sentí un poco mareada y me paré en los 3,5km/pero me surgió un asunto urgente de trabajo y tuve que quedarme en casa}.

En los cuatro primeros ejemplos, la interpretación con el adverbio *casi* indica que el evento no ha llegado a realizarse: el sujeto no se ha resbalado en (43), con un logro, no ha llegado a correr en (44), con una actividad, no ha llegado a residir en Montevideo en (45), con un estado, y no ha estornudado en (46), con un predicado [-durativo] [-télico], esto es, con un predicado semelfactivo. Sin embargo, en (47), donde aparece una realización, son posibles dos interpretaciones, como indicamos con las dos estructuras incluidas entre llaves: bien el sujeto ha corrido, pero no ha logrado alcanzar los 4km, es decir, la meta del evento, bien el sujeto no ha empezado siquiera a correr; en este segundo caso, la interpretación coincide con la de los cuatro predicados anteriores.

A propósito de las realizaciones, Smith (1991: 70) habla de la "no separabilidad" (*non-detachability*), puesto que están constituidas al mismo tiempo por dos tipos de eventos o por dos fases: un proceso, por lo tanto, un evento durativo, y un logro. Demuestra la existencia de ambas fases mediante el contraste entre los tipos de predicados al combinarlos con el equivalente en inglés del adverbio *casi* (*almost*), tal y como acabamos de presentar arriba. Higginbotham (2009) afirma a propósito de la formación de estos predicados que es composicional y no léxica; están formados por un evento más una meta.

Por otro lado, como explican Fernández Lagunilla y De Miguel (1999) y De Miguel y Fernández Lagunilla (2000), adverbios como *solo* o *todavía* también muestran la necesidad de distinguir fases en los eventos. Comencemos por el primero: es un adverbio de foco y, como tal, puede permitir la visualización del evento completo o de una parte; debido a las propiedades de aspecto léxico, no puede combinarse con todos los predicados. La *NGLE* (2009: 3012) afirma de ellos:

> Son adverbios de exclusión *solo, tan solo, solamente, únicamente, exclusivamente, exclusive, no más* y *nada más*, entre otros. Se caracterizan, en efecto, por el hecho de que dejan fuera de algún conjunto (expreso o tácito) al referente de la expresión denotada por su foco, de manera que informan de la inexistencia de alternativas distintas de las que se manifiestan.[7]

Kovacci (1999: 773) habla de adverbios como *solo, solamente, únicamente*, etc., como *focalizadores exclusivos*. Los considera cuantificadores negativos que contribuyen al "listado exhaustivo", concepto que toma, a su vez, de Kuno (1972) y Koktová (1986); afirma que excluyen al resto de elementos del grupo al que pertenece un determinado miembro.

Proponemos, a continuación, una serie de ejemplos para ilustrar el funcionamiento, similares a los que presentan De Miguel y Fernández Lagunilla (2000):

(48) Estefanía solo ha convocado a la reunión del jueves a la secretaria general (no ha hablado con ella/no ha hecho nada más, etc.).

(49) Estefanía ha convocado a la reunión del jueves solo a la secretaria general (no al resto de personas que trabajan en la empresa).

(50) Estefanía ha convocado a la secretaria general solo a la reunión del jueves (no a la del viernes).

---

7 García Pérez (2013: 318–321) explica que para entender de modo adecuado el significado de *solo* como adverbio de foco de exclusión hay que tener en cuenta la evolución a partir del adjetivo *solo* que le sirve de base y que ya desde el latín clásico permitía enfatizar la información que se proporcionaba. Defiende que el adverbio *solo* como focalizador es el resultado de un proceso de gramaticalización del adjetivo, por un lado, y de la influencia del adverbio *solum*, por otro.

Como podemos comprobar, *convocar a la reunión,* al ser un predicado de realización, el adverbio *solo* puede focalizar el evento completo, como en el primer ejemplo, o bien, en particular, alguno de los argumentos, como en el segundo y el tercero. Sin embargo, estas alternativas no son posibles con todos los predicados:

(51) Felipe y Nuria solo trabajan (no estudian al mismo tiempo).

(52) *Cristina solo encuentra las llaves.

El primer ejemplo corresponde a una actividad, por tanto, a un predicado con los rasgos [+durativo] y [-télico], de modo que el adverbio de foco se aplica a todo el evento. Observemos, por otro lado, que este enunciado puede expresar un evento anclado que coincide con el momento de la enunciación (ahora mismo solo están trabajando) o bien un evento que caracteriza al sujeto, en este caso a Felipe y a Nuria, como trabajadores (no como estudiantes, por ejemplo), de modo que recibe la interpretación que Bertinetto (1986) y (1994) denomina actitudinal; con una y otra es posible el adverbio *solo*.

Este primer ejemplo contrasta con el segundo, cuyo predicado, *encontrar las llaves*, es un logro, por lo que tiene los rasgos [-durativo] [+télico]. Observemos que la interpretación del presente en este ejemplo difiere respecto a la interpretación del ejemplo anterior: con el logro se expresa un evento que está a punto de ocurrir, no que tiene lugar en el momento de la enunciación, en lo que reside la agramaticalidad. Esto es, la interpretación del presente correspondería a las paráfrasis "va a encontrar las llaves" o "está a punto de encontrar las llaves". Como adverbio de foco, *solo* relaciona el evento focalizado con otros posibles eventos, como los que hemos indicado entre paréntesis en el ejemplo con la actividad y con las realizaciones, sin embargo, dado que el logro en presente expresa un evento que está a punto de ocurrir, pero que, en definitiva, aún no ha tenido lugar, no es posible excluir otros eventos. Como explican las citadas estudiosas, si los ejemplos de logro pueden recibir una interpretación genérica o habitual, sí podría darse la combinación con el adverbio de foco, dado que el evento habría tenido lugar.[8]

8 Sobre los adverbios de foco, véase también Espinosa Elorza (2006).

Como anunciábamos arriba, otro de los adverbios con el que Fernández Lagunilla y De Miguel (1999) y De Miguel y Fernández Lagunilla (2000) muestran la existencia de fases es *todavía/aún*, cuyo funcionamiento con unos y otros predicados responde a una explicación similar a la que exponen para el adverbio *solo*. Lo caracterizan como operador aspectual que focaliza la fase intermedia del evento, de modo que presupone una fase anterior en la que dicho evento ya tenía lugar. En efecto, Garrido Medina (1992) analiza *aún/todavía, ya* y sus correspondientes formas negativas como adverbios que implican una presuposición sobre el evento, que es afirmativa en el caso del adverbio que nos ocupa. Partiendo de esta idea, mostramos los siguientes ejemplos, en los que añadimos los estados y las realizaciones a los predicados de actividad y logro que proponen las estudiosas:

(53) Vicente aún tiene fiebre, es mejor que se quede en casa.

(54) Ana aún toca el Canon de Pachelbel en el salón.

(55) Silvia aún ve la tele en el sofá, no sé si saldrá más tarde.

(56) *Silvia aún encuentra las llaves.

(57) *Silvia aún entra en el bar.

En los tres primeros enunciados tenemos predicados con el rasgo [+durativo], ya sean, respectivamente, de estado, de realización o de actividad. El adverbio *aún* presupone que el evento ya tenía lugar antes del momento de la enunciación. Ello no es posible, sin embargo, con los predicados de los ejemplos cuarto y quinto, puesto que *encontrar las llaves* y *entrar en el bar* tienen los rasgos [-durativo] [+télico] y, como hemos explicado arriba, en presente expresan un evento que está a punto de ocurrir, pero que aún no ha tenido lugar, por lo que es evidente que no se puede presuponer con anterioridad.

En definitiva, tanto el adverbio *solo* como el adverbio *aún/todavía* permiten mostrar que los eventos expresados por los distintos tipos de predicados desde el punto de vista del aspecto léxico manifiestan una estructura subeventiva diversa.

Para terminar este apartado, señalemos que Rodríguez Ramalle (2001) demuestra a través de los adverbios de manera (*hábilmente, estupendamente, cuidadosamente…*) la existencia de subeventos en los predicados. Defiende que han de distinguirse por lo menos tres clases, en función de la orientación que presenten: 1) Los adverbios que se predican del proceso de las actividades; 2) Los que se predican del subevento estativo de las realizaciones y 3) Los orientados al sujeto, que inciden, al mismo tiempo, en el proceso y en el agente que lo lleva a cabo.

### *4.3. Estados con logro previo presupuesto: Morimoto (2011)*

Morimoto (2011) propone una estructura compleja para estados como los expresados por predicados del tipo *estarse callado*: presupone que implican un logro previo que consiste en pasar a estar callado, que va seguido de un estado sucesivo. Lo contrasta con los logros compuestos del tipo L2 propuestos por De Miguel y Fernández Lagunilla (2000), a los que nos hemos referido en apartados anteriores, y afirma que, si bien presentan una estructura muy similar, el contraste fundamental se basa en que los primeros son logros y aquí habla de estados.

Presenta una distinción entre el estado *quedarse callado* y *estarse callado:* en el segundo el logro se presupone, pero no forma parte de la situación en sí, a diferencia de lo que sucede con el predicado *quedarse callado*. Lo ilustra a partir del siguiente contraste, en el que se focaliza el propio cambio y el predicado *estarse callado*, frente a *quedarse callado*, resulta poco natural:

(58) El niño no dejaba de gritar y de corretear; pero en el momento en que pusimos su película favorita {*se quedó*/?*se estuvo*} callado (p. 127).

La representación gráfica que propone es la siguiente; el primer subevento es el logro y el segundo el estado:

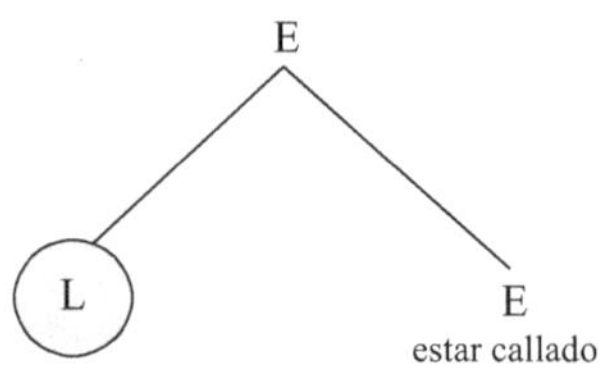

### 4.4. *Nuestra propuesta: el subevento inicial de algunos predicados estativos*

A partir de las diferencias que se observan entre los predicados de estado, a las que nos hemos referido en apartados precedentes de este capítulo, y una vez que hemos repasado varias propuestas de estructura subeventiva, presentamos nuestra propuesta de análisis para determinados predicados de estado. Defendemos que deben distinguirse dos tipos: los primeros tendrían una estructura simple, formada por un único evento, mientras que los segundos tendrían una estructura compleja en la que habría dos subeventos: el primero correspondería al ingreso en el estado y el segundo al propio estado. A partir de la estructura subeventiva de Pustejovsky (1991), que repetimos en (59), consideramos que, a la propuesta de evento simple para los estados, se le debe añadir una segunda cuya estructura es compleja:

(59)

(60)

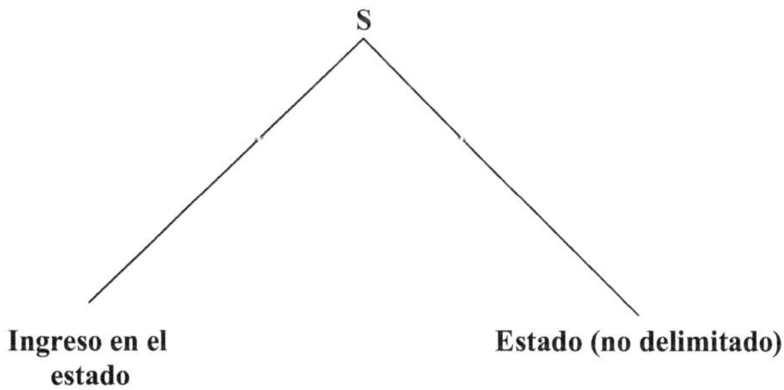


Predicados estativos que expresan pensamiento, como *saber, conocer* o *entender*, a los que volveremos a hacer referencia en el capítulo segundo, corresponden a esta estructura.

De acuerdo con nuestra hipótesis, no en todos los predicados estativos se puede distinguir un subevento puntual que aparece focalizado en determinados contextos. En efecto, defendemos que lo manifiestan predicados estativos como *saber*, *conocer* o *entender*, pero no otros como *vivir* o *estar resfriado.* Nuestra propuesta se distingue de la que desarrolla Morimoto (2011) en que no consideramos que el primer subevento sea un logro, sino la fase de ingreso en el estado; para los predicados referidos, se trata del momento en que se empieza a saber, a conocer o a entender algo, tras lo que el sujeto pasa a un segundo subevento que constituye el propio estado, cuyo carácter no es delimitado.

Observemos el comportamiento de los siguientes pares de ejemplos, en los que encontramos, respectivamente, el predicado *vivir con mi tía Irene* y *estar resfriado,* tanto en pretérito perfecto compuesto como en presente:

(61) a. He vivido con mi tía Irene desde que volví de Estocolmo.
b. Vivo con mi tía Irene desde que volví de Estocolmo.

(62) a. He estado resfriado desde que bajaron las temperaturas.
b. Estoy resfriado desde que bajaron las temperaturas.

Tanto (61a) como (62a) pueden recibir una interpretación de acuerdo con la cual el evento continúa abierto en el momento de la enunciación o momento del habla, esto es, en (61a) el sujeto puede seguir viviendo con su tía Irene y en (62a) puede seguir resfriado. Esta interpretación corresponde a la variedad de perfecto continuativo o universal, según utilicemos la terminología de García Fernández (2000) o de Iatridou *et al.* (2001): el evento empieza en el pasado y no ha finalizado en el momento de la enunciación.[9] Esta misma interpretación es la que obtenemos cuando el verbo está conjugado en presente, los casos de (61b) y (62b). Obsérvese que en los cuatro ejemplos el predicado está combinado con un complemento temporal introducido por la preposición *desde,* que indica el límite inicial, en estos casos el momento del pasado en el que empezó el evento.

Contrastemos a continuación el siguiente par de ejemplos, en que aparece el predicado *conocer,* con los de (61) y (62):

---

9 McCoard (1978) utiliza el término "Extended Now" (ahora extendido), mientras que Havu (1997) habla de "uso persistente".

(63) a. *He conocido a Rodrigo desde el festival de fin de curso.
b. Conozco a Rodrigo desde el festival de fin de curso.

Mientras que en (63b) la interpretación es similar a los ejemplos precedentes, esto es, el evento empezó en el pasado y continúa en el momento de la enunciación, el ejemplo (63a) resulta agramatical. El motivo es que el significado del predicado *he conocido,* conjugado en pretérito perfecto compuesto, es incompatible con el significado del complemento temporal introducido por la preposición *desde* y cuyo carácter es durativo. *He conocido* focaliza el subevento puntual que indica el ingreso en el estado, como corresponde a una forma de aspecto perfectivo, de ahí la incompatibilidad con un complemento temporal que impone la restricción de la duración al predicado con el que se combina. Así pues, solo con el presente obtenemos el significado según el cual el evento empieza en el pasado y continúa en el momento de la enunciación.

Siguiendo con esta idea, observemos a continuación los siguientes ejemplos:

(64) a. * He conocido a Rodrigo desde el festival de fin de curso.
b. He conocido a Rodrigo esta mañana a las 9.00 en el despacho de Vicente.

(65) a. *Conocí a Rodrigo desde el festival de fin de curso.
b. Conocí a Rodrigo ayer

En (64a) y (65a) los predicados aparecen en formas verbales que expresan aspecto perfectivo, pretérito perfecto compuesto y pretérito perfecto simple, respectivamente, y en ambos casos el complemento temporal es durativo, de ahí la agramaticalidad. Estos mismos predicados aparecen en (64b) y (65b) combinados con complementos temporales que, en el caso de (64b), indica el momento puntual *a las 9.00* en que tiene lugar el evento, y en el caso de (65b), el adverbio *ayer* indica un marco temporal compatible con el hecho de que el evento tenga lugar en un punto de la línea temporal, en este caso con que el sujeto conociera a Rodrigo en un momento dentro del marco temporal indicado por *ayer.*

De acuerdo con la idea que defendemos, las formas perfectivas del verbo *conocer* permiten la focalización del subevento puntual del predicado, que expresa el ingreso en el evento. Estas formas son el pretérito perfecto simple o indefinido, el pretérito perfecto compuesto, el pretérito pluscuamperfecto, el pretérito anterior, el futuro perfecto y el condicional perfecto. Frente a ellas, las imperfectivas permiten la focalización del subevento estativo, de ahí que sean compatibles con complementos temporales de carácter durativo:

(66) Conocemos a Enrique desde que era pequeño.

(67) Sara conocía a Vicente desde que empezó a trabajar en su empresa.

Comprobamos así que tanto el presente como el pretérito imperfecto pueden combinarse con complementos temporales de carácter durativo, de modo que se focaliza el subevento estativo, de carácter no delimitado.

A continuación, contrastamos estos datos con los equivalentes en inglés, que suponen un argumento a favor de la hipótesis que defendemos:

(68) *I have known Peter since he was a child.*
He conocido a Peter desde que era un niño (traducción literal)
Conozco a Peter desde que era un niño.

(69) *I met Peter last night at Roberto's birthday party.*
Conocí a Peter anoche en la fiesta de cumpleaños de Roberto.

Como podemos comprobar a partir de estos ejemplos, la focalización del subevento puntual o del subevento estativo, que en español depende del aspecto gramatical perfectivo o imperfectivo del predicado, en inglés está marcada léxicamente: el verbo *know* se refiere al estado que caracteriza a un sujeto por conocer a una persona, mientras que el verbo *meet* se refiere al propio evento de conocer a alguien. De acuerdo con nuestra hipótesis, el primero focaliza el subevento estativo y el segundo el subevento puntual que supone el ingreso del sujeto en un determinado estado. El inglés establece esta diferencia léxica cuando el conocimiento se refiere a las personas; si se refiere a objetos no animados, puede utilizarse el verbo *know* para focalizar el subevento puntual, como en el ejemplo siguiente:

(70) *I knew at once that something was wrong.*
Supe a la primera que algo iba mal.

Otra característica del predicado *conocer* consiste en que una vez que conoces a alguien, ese conocimiento no cesa. Este dato lo corroboramos al combinar el predicado con los adverbios de fase *todavía* y *ya no*[10]:

(71) *¿Todavía conoces a Felipe?

(72) *¿Ya no conoces a Silvia? *Vs.* ¿Ya no reconoces a Silvia?

El adverbio *todavía* presupone un cambio en el evento expresado por el predicado, en este caso que el sujeto pase de conocer a Felipe a no conocerlo, lo que explica la agramaticalidad de la oración. En (72) el adverbio *ya* indica que se ha producido un cambio esperado, en este ejemplo el sujeto ha dejado de conocer a Silvia, lo cual explica nuevamente la agramaticalidad. Obsérvese que el verbo *conocer* contrasta en su comportamiento con *reconocer.* Por otro lado, esta oración puede ser gramatical si se interpreta, precisamente, con el sentido de este predicado.

Los dos ejemplos anteriores contrastan con los que presentamos a continuación:

(73) a. Ya lo sé.
b. Lo supe a las 8.00.

(74) a. Ya conozco a tu compañero de despacho.
b. Conocí a tu compañero de despacho ayer en el congreso.

(75) a. Ya lo entiendo.
b. Lo entendí enseguida.

En todos estos casos, se focaliza el inicio de un determinado estado, el momento en el que el sujeto ingresa en ese evento, que corresponde a la primera sección del gráfico representado arriba. A partir de ese ingreso, el sujeto permanece en el estado, esto es, respectivamente para (73), (74) y (75), el sujeto sabe, conoce o entiende algo. Los primeros ejemplos de cada par están conjugados en presente y van acompañados del adverbio *ya*, adverbio de expectación que indica un cambio que estaba previsto. Deben entenderse, pues, con sentido incoativo, focalizando el propio inicio del evento, esto es, "Ya lo he empezado a saber, a conocer

10 Sobre estos adverbios, véase Garrido Medina (1991 y 1992).

o a entender". Los segundos ejemplos aparecen en pretérito perfecto simple o indefinido.

En el capítulo segundo de nuestro trabajo, volveremos a hacer referencia a la estructura de estos predicados estativos al explicar su funcionamiento cuando se combinan con la locución *de sopetón*.

# CAPÍTULO SEGUNDO

# LA FOCALIZACIÓN DE LA FASE INICIAL DEL EVENTO CON LA LOCUCIÓN ADVERBIAL *DE SOPETÓN*

## 1. Introducción

La locución adverbial *de sopetón,* que procede del latín *subĭtus*, 'súbito' y cuyo significado es "Pronta e impensadamente, de improviso" (*DLE*), implica un valor incoativo, entendido este como cambio de estado. Vamos a seguir la definición de incoatividad que proponen De Miguel (1999), Felíu Arquiola (2009) y Merchán Aravid (2017), que no coincide con la defendida por García Fernández (2000) o Marín y McNally (2011). Para las tres estudiosas la incoatividad implica un cambio de estado, mientras que para los últimos autores indica el inicio del evento, pero no necesariamente un cambio de estado.

De acuerdo con el significado de la locución *de sopetón*, esperamos que esta imponga una serie de restricciones léxico-sintácticas al predicado con el que se combina. En particular, de acuerdo con nuestra hipótesis, el pretérito perfecto simple o indefinido, combinado con predicados de realización o de logro desde el punto de vista del aspecto léxico, favorece esta interpretación incoativa y, por lo tanto, suponemos que será la estructura que con mayor frecuencia se combine con esta locución. Los predicados de estado, por el contrario, expresan características de un sujeto o estados de cosas y, por ello, esperamos que no aparezcan combinados con esta locución, salvo que puedan recibir una interpretación no estativa. En el caso de las actividades, predicados durativos atélicos, solo si reciben una interpretación incoativa esperamos que sea gramatical la combinación con *de sopetón*.

De acuerdo con nuestra hipótesis, los tiempos verbales cuyo aspecto gramatical es imperfectivo, fundamentalmente el pretérito imperfecto y el presente, generalmente no aparecerán combinados con esta locución. El motivo es que, al focalizar una parte del evento, pero no los límites inicial y final, no favorece la interpretación incoativa.

Una vez expuestas estas ideas, presentamos a continuación los objetivos de este capítulo:

1. Contrastar algunos de los sentidos que el concepto de *incoatividad* ha recibido en la bibliografía.
2. Analizar las restricciones desde el punto de vista del aspecto léxico o modo de acción que impone la locución *de sopetón* a los predicados con los que se combina.
3. Con relación al objetivo precedente, analizar si hay algunos predicados aspectuales que se combinan con mayor frecuencia con la locución y explicar el motivo.
4. Estudiar si los verbos que se combinan con la locución *de sopetón* pueden conjugarse en todos los tiempos o si hay tiempos verbales que manifiestan una mayor frecuencia combinatoria.
5. A partir de los datos del corpus, analizar si hay lexías verbales que se combinan con mayor frecuencia con la locución.

En cuanto a la metodología de trabajo, hemos tomado todos los ejemplos presentes en *CORPES XXI* que incluyen la locución *de sopetón*. Posteriormente, los hemos clasificado de acuerdo con tres criterios: 1) El tiempo verbal; 2) El aspecto léxico del predicado y 3) La propia lexía verbal. Hemos analizado estos datos para comprobar si existen restricciones en la combinación con la locución, en particular si hay formas verbales que no se combinan con *de sopetón* o que se combinan en escasas ocasiones; asimismo, los hemos analizado para conocer si hay variedades de aspecto léxico restringidas y, por último, para saber si determinadas lexías verbales presentan un mayor número de combinaciones respecto a otras.

## 2. El concepto de incoatividad

### *2.1. La incoatividad como cambio de estado*

El origen grecolatino de incoar y sus términos derivados *incoativo* e *incoación* hacen referencia al comienzo de una acción (Corominas y Pascual, 1980).

Según afirman Corominas y Pascual (1980) y el *DLE* (2014), en Merchán Aravid (2017: 33), El origen grecolatino de *incoar* y sus términos derivados *incoativo* e *incoación* hacen referencia al comienzo de una acción (Corominas y Pascual, 1980). Sin embargo, *incoativo* se utiliza también con el significado de "cambio de estado". Esta es, precisamente, la definición que adopta Merchán Aravid (2017) en un trabajo dedicado al estudio de los procedimientos morfológicos (sufijación y parasíntesis por afijación) que dan lugar a la creación de unidades verbales con significado de cambio de estado a partir de bases sustantivas.[11] Define *incoatividad* del modo siguiente:

> es una noción semántica básica que los seres humanos empleamos para explicar los cambios de estado que experimentamos nosotros mismos o experimentan las entidades que nos rodean en la realidad extralingüística (p. 29) [...] la incoatividad puede considerarse la expresión verbal de un proceso de cambio de estado físico o psicológico de carácter generalmente involuntario que experimenta el sujeto nocional de la predicación (p. 33)

Para esta autora, el concepto de incoatividad está muy relacionado con el de causatividad.

Este mismo concepto de incoatividad es el que defiende De Miguel (1999: 3024):

> Un verbo incoativo es aquel que expresa un cambio de estado (físico o psicológico) que el sujeto padece o experimenta: *blanquear, enfermar, enrojecer* = "{pasar a

11 Entre los múltiples ejemplos que Merchán Aravid (2017) analiza, citamos aquí a modo de ilustración: "*arrequesonarse* significa 'dicho de la leche: cortarse (separarse los ingredientes que debían quedar trabados)'; *encartonar* tiene el significado de 'dicho de una persona: quedarse enjuta por haber padecido tuberculosis'; *dentecer* y *endentecer* ('dicho de un niño: empezar a echar los dientes')" (p. 42).

ser, ponerse, volverse/hacer que algo se vuelva} {blanco, enfermo, rojo}". Pero ese cambio de estado descrito por el verbo incoativo puede ser contemplado en distintas fases de su desarrollo. Por ejemplo, en su inicio, como ocurre con *amanecer, marearse, sentarse* y el resto de ingresivos mencionados antes. Cuando el verbo incoativo indica el momento en que empiezan a manifestarse las consecuencias del cambio de estado que denota es cuando se identifica con un ingresivo.

Como explica, el cambio de estado puede ser contemplado en distintas fases, no solo en la inicial; en verbos como *envejecer* se focaliza una fase intermedia del evento, de ahí la imposibilidad de combinarse con complementos temporales (CCTT) deícticos, a diferencia de lo que sucede con los verbos ingresivos: lo ilustra De Miguel (1999: 3024) con el primer ejemplo que recogemos y que contrasta con el siguiente, de la misma estudiosa:

(1) *Envejeció {ayer/a las tres}.

(2) Juan está envejeciendo por días.

En otros casos, el verbo incoativo focaliza la fase final del evento, lo que de nuevo ilustra, entre otros, con los siguientes ejemplos (p. 3205):

(3) Esta blusa ha amarilleado por completo.

(4) Juan ha envejecido muy dignamente.

Obsérvese que un mismo verbo, como es el caso de *envejecer*, puede focalizar una fase intermedia o una fase final del evento, dependiendo del modo en que aparezca en el contexto. Explica De Miguel (1999) que verbos como *envejecer* han sido clasificados, junto a otros como *engordar* o *adelgazar,* como *verbos de acabamiento gradual*, ya que implican un cambio de estado progresivo y también un límite final, de modo que tienen la posibilidad de ser interpretados como progresivos y, a la vez, como terminativos.[12]

El mismo sentido de incoatividad como cambio de estado defiende también Felíu Arquiola (2009) al estudiar los procedimientos morfológicos presentes en español para la formación de nuevas unidades

12 Son numerosos los estudios dedicados a los verbos graduales. Véanse, entre otros, Bertinetto y Squartini (1995), Fábregas (2002), Beavers (2013) o Rappaport Hovav (2014).

léxicas. En esta misma línea, de acuerdo con la cual la incoatividad supone un cambio de estado, puede consultarse el trabajo de Enghels y Vanhulle (2018) dedicado a perífrasis incoativas con verbos auxiliares como *ponerse*, *echarse* y *romper*, la tercera de las cuales será analizada en el capítulo tercero de nuestro trabajo.

De Miguel (1999: 3024) llama la atención sobre la necesidad de distinguir entre la incoatividad y la ingresividad. El primer concepto se refiere a un cambio de estado, mientras que el segundo hace referencia a la focalización del inicio de un evento. Así pues, dado que la ingresividad supone un cambio de estado, implica la incoatividad, pero no sucede así en el caso contrario; los eventos incoativos no son necesariamente ingresivos. En efecto, como ya hemos recogido arriba, explica que el cambio de estado que supone un evento incoativo puede ser visualizado en fases distintas de su desarrollo y no solo en la inicial.[13]

Aparicio, Coll-Florit y Castellón (2014) utilizan incoatividad en el sentido de fase inicial del evento. Siguen a Fogsgaard (2002) en que "el esquema prototípico de la incoación pone el foco de atención en el momento en el que se atraviesa la frontera que representa la transición hacia la ocurrencia de un nuevo evento" (pp. 75 y 76).

Defendemos en este trabajo un concepto de incoatividad como cambio de estado, de acuerdo con los mencionados autores.

### *2.2. La incoatividad como concepto distinto del cambio de estado*

A diferencia de las estudiosas anteriores, Marín y McNally (2011), en un trabajo dedicado a los verbos reflexivos psicológicos en español (entre otros *avergonzarse*, *indignarse* o *preocuparse*), defienden la necesidad de distinguir entre la incoatividad, por un lado, y la telicidad y el cambio de estado, por otro. Los predicados que expresan un cambio de estado suelen considerarse télicos o que manifiestan una interpretación télica, sin embargo, para ellos la incoatividad ha de ser distinguida de la telicidad. Consideran que una condición necesaria que permite hablar de predicados télicos es que impliquen la referencia a un límite final del

13 La *NGLE* (2009: §28.10) sí identifica incoatividad e ingresividad; en efecto, habla de "perífrasis de sentido incoativo o ingresivo".

evento, de modo que no es suficiente para que sean considerados como tales la implicación exclusivamente del límite inicial.

Mediante diversas pruebas sintácticas, demuestran que los verbos reflexivos psicológicos son incoativos pero atélicos, y no se refieren directamente a un cambio de estado. Entre otros diagnósticos, utilizan la combinación con los complementos introducidos por las preposiciones *en* y *durante,* la agramaticalidad como auxiliados de las perífrasis verbales <*acabar de* o *terminar de* + infinitivo> o la incompatibilidad con <*una vez* + participio>. Recogemos a continuación los ejemplos con que ilustran este comportamiento:

(5) Se aburrió/divirtió {durante/*en toda la tarde} (p. 476)

(6) *Ha terminado de {asustarse/enfadarse} (p. 477)

(7) *Una vez enfadado el director, los actores trabajaron más (p. 480)

Hacen referencia a estudios como Zagona (1996), que asocia la morfología reflexiva de verbos psicológicos como *molestarse* con la incoatividad y el cambio de estado, así como a Dowty (1979), para quien, de modo particular, la incoatividad se asocia a la clase de predicados de logro. Por otro lado, en este mismo trabajo, así como en Sanz y Laka (2002), se considera que los predicados de cambio de estado son télicos o admiten una interpretación télica.

### *2.3. Aspecto gramatical e incoatividad*

De acuerdo con nuestra hipótesis, la interpretación incoativa se ve favorecida por la variedad de aspecto gramatical aoristo de los predicados, que se caracteriza por focalizar el evento completo, tanto su inicio como su final. En particular, en muchos de los enunciados se manifestará la subvariedad de aoristo ingresivo, que se caracteriza por focalizar el inicio o ingreso en un evento. Esta subvariedad aspectual suele presentarse con predicados de actividad y de realización, y puede ser expresada tanto por los tiempos compuestos como por el pretérito perfecto simple o indefinido (García Fernández, 2000: 56 y 57). Como demostraremos a través del análisis del corpus de nuestro trabajo, en la incoatividad no solo incide el aspecto léxico de los predicados, sino también el aspecto gramatical. Observemos el siguiente ejemplo:

(8) Mientras estaba sentada en el sofá se encontraba bien, pero cuando se levantó, empezó a sentir un ardor insoportable.

Las dos primeras formas verbales, *estar sentada* y *encontrarse bien,* son estados desde el punto de vista del aspecto léxico o *Aktionsart.* Aparecen en pretérito imperfecto de indicativo y expresan la variedad aspectual de imperfectivo, caracterizada por focalizar una parte del evento, pero ni el inicio ni el final. Esta variedad, según defendemos, no favorece la interpretación incoativa en la que se produce un cambio de estado. Por el contrario, las otras dos formas verbales del ejemplo están en pretérito perfecto simple o indefinido, *levantarse* y *empezar a sentir*, en el segundo de los casos es el auxiliar de la perífrasis verbal el que aparece en la forma finita de pretérito perfecto simple. El primero es un logro y el segundo un estado, si bien funciona como auxiliar de una perífrasis verbal (<*empezar a* + infinitivo>) que focaliza el inicio del evento (estudiaremos esta perífrasis en el capítulo tercero de nuestro trabajo). En ambos casos, las formas verbales aparecen en pretérito perfecto simple o indefinido, por tanto, expresan la variedad aspectual de aoristo o perfectivo y focalizan el evento completo. Las dos formas expresan valor incoativo, puesto que implican un cambio de estado, en el primer caso el sujeto pasa de estar sentado a estar de pie, mientras que en el segundo cambia de encontrarse bien a sentir un ardor insoportable.

La variedad aspectual de perfecto tampoco favorece la interpretación incoativa, ya que no focaliza un cambio de estado, sino los resultados de un determinado evento.[14] Obsérvese:

(9) ??Tengo hechas las maletas de sopetón.

La expresión *de sopetón* indica una interpretación incoativa del evento, que no es compatible con el aspecto de perfecto expresado por la perífrasis verbal *tener hechas*.

Comprobamos, pues, que el aspecto aoristo, frente al imperfectivo y al perfecto, favorece la interpretación incoativa de los predicados.

---

14 Sobre la variedad aspectual de perfecto, pueden consultarse los clásicos trabajos de McCoard (1978) y Fenn (1987). Para una caracterización de las distintas variedades de aspecto gramatical en español, véanse García Fernández (2000) y Martínez-Atienza (2012).

Una vez hechas estas observaciones, precisemos que las clases de predicados desde el punto de vista del aspecto léxico o modo de acción también son determinantes para poder tener una interpretación incoativa, de modo que, como mostramos con el siguiente ejemplo agramatical, un predicado durativo atélico como *andar por el pasillo*, actividad por tanto, no da resultados gramaticales al combinarse con la locución *de sopetón,* a pesar de estar conjugado en pretérito perfecto simple o indefinido y de expresar, por tanto, la variedad aspectual de aoristo:

(10) *Anduvo por el pasillo de sopetón.

Por otro lado, podemos encontrar contrastes como el del siguiente par de oraciones, con los predicados *dormir* y *dormirse*, respectivamente:

(11) ??Pedro durmió de sopetón.

(12) Pedro se durmió de sopetón.

*Se durmió*, frente a *durmió*, sí implica un cambio de estado, por tanto, sentido incoativo, de ahí la compatibilidad con la locución *de sopetón.*

Una vez hechas estas observaciones a modo de introducción, en los siguientes apartados explicaremos la incidencia del aspecto léxico del predicado que se combina con la locución, además del aspecto gramatical y del tiempo, de modo que analizaremos cuáles son las características que deben cumplir los predicados desde estos tres puntos de vista para combinarse con la locución objeto de estudio.

## 3. Restricciones de aspecto léxico impuestas por la locución *de sopetón*

### *3.1. Los predicados de estado*

A lo largo del corpus, los ejemplos en los que el verbo es de estado son 11 de 270, lo que corresponde al 4,07%. De acuerdo con el significado de estos predicados, que expresan estados de cosas o características de un sujeto, no esperaríamos que se combinaran con la locución. Nos detendremos, pues, en la explicación de los distintos ejemplos del corpus que contienen predicados estativos. Para ello, mostraremos también varios casos en los que los estados resultan agramaticales al combinarse con la locución.

Observemos, en primer lugar, algunos casos de agramaticalidad con los verbos conjugados en pretérito perfecto simple, el tiempo verbal más frecuente en el corpus:

(13) *Ayer estuvimos con Juan de sopetón en la cafetería.

(14) *Javier y yo estuvimos de pie de sopetón.

(15) *Irene estuvo triste de sopetón.

Tenemos, respectivamente, tres ejemplos de predicados estativos: *estar con Juan*, *estar de pie* y *estar triste*. Los ejemplos (14) y (15) contrastan, sin embargo, con los siguientes, donde aparecen los predicados con verbos pronominales *ponerse de pie* y *ponerse triste,* que indican un cambio de estado y, de acuerdo con el concepto que defendemos, implican también, por tanto, incoatividad:

(16) Javier y yo nos pusimos de pie de sopetón.

(17) Irene se puso triste de sopetón.

Sin embargo, no todos los predicados estativos manifiestan el mismo comportamiento. Comprobemos que, frente a los ejemplos de (13), (14) y (15), los que recogemos a continuación sí resultan gramaticales: el primero de ellos está presente en nuestro corpus y los otros dos en corpus diversos; en ellos aparecen, respectivamente, los predicados *saber, conocer* y *entender*, objeto de nuestro análisis:

(18) Se teñía de rubio y su lujosa ropa se la confeccionaba la abuela, quien se estaba quedando ciega de tanto coserle a la nieta. Todo esto se supo un día de sopetón, gracias a las ondas de Radio Bemba en la Vermont. Pero por un tiempo Fernando y Araceli fueron la encarnación del triunfo, imagen del futuro (Miguel Muñoz, Elías: *Vida Mía*. Valencia: Aduana vieja, 2006, en *CORPES XXI*).

(19) (A Diego Rivera) lo conocí de sopetón, al cruzarnos en un corredor del hotel Arronte, de Puebla. Yo había ido a gestionar algo con los líderes de la Federación estudiantil; pero, ¿qué diablos hacía allí Diego? (*Diego Rivera y*

*Frida Kahlo. Una vida en el arte del siglo XX*, disponible en: http://diego-rivera-fridakahlo.blogspot.com/2016/03/a-diego-rivera-lo-conoci-de-sope-ton-al.html. Fecha de consulta: 15/03/2019).

(20) Poma entendió de sopetón el porqué de tanta fobia acuático-generacional. (Navasqüés y de Urquijo, E. (2018): *La profecía de Gaia. Las fabulosas aventuras de Kiso Maravillas,* libro I, España: Caligrama, en *CORPES XXI*).

Estos predicados estativos aparecen en pretérito perfecto simple o indefinido, por tanto, expresan aspecto aoristo y se focaliza el propio inicio del evento. Recordemos al respecto la hipótesis que hemos defendido en el primer capítulo de este trabajo y que retomamos aquí: algunos predicados estativos, entre ellos *conocer, saber* o *entender*, tienen una estructura compleja constituida por un subevento inicial que supone el ingreso en el propio evento y por un segundo subevento que constituye el propio estado, la fase sucesiva tras el inicio del evento. Retomamos nuevamente el gráfico que proponíamos en el capítulo primero:

(21)

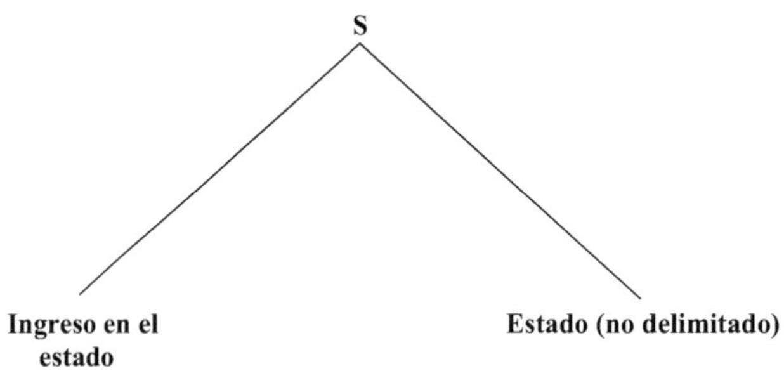


La primera fase, el ingreso en el propio estado, se focaliza cuando el predicado aparece conjugado en formas verbales perfectivas, entre ellas el pretérito perfecto simple, de ahí que los ejemplos del corpus que acabamos de presentar resulten gramaticales. En efecto, las formas que se combinan con la locución *de sopetón* son, respectivamente, las siguientes: *se supo un día de sopetón; lo conocí de sopetón*; *Poma entendió de sopetón el porqué.*

Obsérvese, sin embargo, que estos tres ejemplos gramaticales contrastan, a su vez, con los siguientes, en los que el mismo predicado aparece conjugado en pretérito imperfecto y no en pretérito perfecto simple:

(22) *Sabía de sopetón que la engañaba. *Vs.* Supo de sopetón que la engañaba.

(23) *Nos conocíamos de sopetón. *Vs.* Nos conocimos de sopetón.

(24) *Ayer Ana lo entendía de sopetón. *Vs.* Ayer Ana lo entendió de sopetón/ Siempre lo entendía de sopetón.

Observemos que, frente a estos tres ejemplos agramaticales que acabamos de presentar, los tres ejemplos del corpus, en los que el tiempo verbal es pretérito perfecto simple y no pretérito imperfecto, focalizan el propio inicio del evento, por lo tanto, un cambio de estado. Cuando estos tres predicados (*saber, conocer* y *entender*) se conjugan en pretérito imperfecto, forma verbal de aspecto imperfectivo, no se focaliza el inicio, sino el propio estado no delimitado en el que se encuentra el sujeto. Este, precisamente, es el motivo de la agramaticalidad al combinarse con la locución *de sopetón*, que implica un cambio de estado. Como hemos hecho en otros trabajos, seguimos la definición de aspecto gramatical propuesta por Klein (1992) y (1994), quien lo caracteriza como la relación entre lo que denomina Tiempo de la Situación y Tiempo del Foco. El primero corresponde al tiempo durante el que tiene lugar el evento, mientras que el Tiempo del Foco corresponde al que aparece focalizado en cada variedad aspectual. De acuerdo con esta definición, pueden establecerse distintas relaciones y, en consecuencia, distintas variedades de aspecto gramatical. En la variedad de aspecto imperfectivo, que corresponde a los tres ejemplos precedentes cuya forma verbal es el pretérito imperfecto, se focaliza una parte del evento, pero no los límites inicial y final, por lo que el Tiempo del Foco se incluye en el Tiempo de la Situación.

Representa Klein (1992) y (1994) gráficamente las distintas variedades aspectuales mediante los siguientes signos: los corchetes [] indican el Tiempo del Foco, el signo – el Tiempo de la Situación y el signo + el que precede o sigue al Tiempo de la Situación. De acuerdo con ello, al aspecto imperfectivo le corresponde la siguiente representación:

(25)

----------------[----------]---------------++++++++++++

Los corchetes incluyen el tiempo en el que tiene lugar el evento, pero no se focalizan los límites inicial ni final, de ahí que el signo + no figure dentro de los corchetes. La propia caracterización de esta variedad aspectual explica, por tanto, que no se focalice el subevento inicial que corresponde a los predicados estativos *conocer, saber* y *entender*, de ahí la agramaticalidad de los ejemplos precedentes.

En la definición que seguimos de perfectivo o aoristo diferimos de Klein (1992: 537), quien incluye para esta variedad aspectual la focalización del final del evento, pero no la del inicio, por lo que excluye la lectura ingresiva o inceptiva. Así pues, modificamos su definición, en lo que seguimos a García Fernández (2000), quien a su vez sigue a Smith (1991). Por este motivo, la representación gráfica correspondiente a esta variedad no es la de (26), que propone Klein (1992), sino la de (27):

(26)

----------------[---+++++]++++++++++++++++++++

(27)

++++++++++[+-------------------+]+++++++++++++

Comprobamos en la representación que el pretérito perfecto simple o indefinido, que expresa aspecto aoristo o perfectivo y que es la forma en la que aparecen conjugados los ejemplos gramaticales del corpus, permite la focalización del subevento inicial que corresponde a los predicados estativos *saber, conocer* y *entender*; en consecuencia, la combinación con la locución adverbial *de sopetón* también da lugar a resultados gramaticales.

No obstante, encontramos algunos ejemplos en el corpus de formas verbales en pretérito imperfecto, si bien es un tiempo muy poco frecuente. Recogemos a continuación uno de ellos:

(28) Sentí cómo un calambre me recorría todo el cuerpo. Reconocí la voz de inmediato: era Sebastián. Dos años en los que sólo habíamos recibido un par de postales y de sopetón lo tenía al otro lado de la línea telefónica. Me saludó con su simpatía de siempre (Posadas, Gervasio: *Doctor Mateo. Tres veranos en San Martín.* Madrid: Espasa Calpe, 2009, en *CORPES XXI*).

El sujeto está recordando un acontecimiento y en ello combina acciones como *recibir un par de postales* con estados como *tener a alguien al otro lado de la línea telefónica.* En este segundo caso aparece en pretérito imperfecto, que, combinado con la locución *de sopetón*, indica la sorpresa del sujeto en el momento en que se da cuenta de que hay alguien al otro lado del teléfono.

A continuación, mostramos cinco de los trece ejemplos del corpus con predicados estativos en los que figura el verbo *ser* con el sentido de *suceder:*

(29) Simona le mostró un documento donde le instó a poner su huella digital. Todo fue tan de sopetón y, además, era una cosa de tan poco valor, que no dudó en ponerla (Sabanero, Sandra: *Boda Mexicana*. Barcelona: Ediciones B, 2002, en *CORPES XXI*).

(30) Y no fue de sopetón (Palou, Pedro Ángel: *Con la muerte en los puños*. México D. F.: Alfaguara, 2003, en *CORPES XXI*).

(31) La sangre de las matanzas huele diferente a la de los accidentes, cuando es de sopetón, la sangre no alcanza a envenenarse. La tengo. (Sale a buscar la grabadora y el recorte de prensa) (Vidal Medina, Fernando: «Un cuarto para las cuatro». *Revista Colombiana de las Artes Escénicas*. Manizales: 200.21.104.25/artescenicas, 2008, en *CORPES XXI*).

(32) ¡Acabáramos! Así que esa era la razón por la que me había evitado desde la noche en que nos acostamos. No habíamos usado preservativo, porque fue tan de sopetón que yo no llevaba ninguno encima y, como ella no sugirió nada, yo pensé que tomaría anticonceptivos (González-Sinde, Ángeles: *El buen hijo*. Barcelona: Planeta, 2013, en *CORPES XXI*).

(33) Fue de sopetón. La primera impresión fue de una tensión enorme. Recuerdo que fue una clase de historia medieval a un segundo medio (Sanhueza, Ana María: «El regreso del profesor Soto». *Qué Pasa*. Santiago de Chile: quepasa.cl/articulo/actualidad/2015/01/1-16068-9-el-regreso-del-profesor-soto.shtml/, 2015-01-15, en *CORPES XXI*).

El significado que adquiere el verbo *ser* en todos estos casos es el de 'ocurrir, suceder, tener lugar' y, por tanto, no indica un estado de cosas o una característica del sujeto. En todos los ejemplos el tiempo verbal es pretérito perfecto simple o indefinido, por lo que se expresa la variedad aspectual de aoristo o perfectivo, a excepción de (31), donde figura un presente que, sin embargo, tiene valor genérico y, por lo tanto, no está anclado exclusivamente al momento de la enunciación. En todos estos ejemplos, en definitiva, se expresa un cambio de estado, de ahí la compatibilidad con la locución *de sopetón*.

Encontramos también en el corpus un enunciado en el que aparece el verbo *estar* en presente, con el sentido de 'aparecer' o 'llegar'; en el ejemplo están planificando una representación teatral, explicando el lugar en el que cada uno debe estar. De nuevo en este caso comprobamos que adquiere claramente un sentido incoativo:

(34) Aquí podemos dar un salto en contra de la realidad, donde el personaje tiene que salir, tomar un auto, llegar, esperar, etc. No. Aquí de sopetón, en este párrafo, ya Juan y yo estamos en el despacho de Clodoveo, ya los he presentado y acabamos de entrar en el tema (Jaramillo Agudelo, Darío: *El juego del alfiler*. Valencia: Pre-Textos, 2002, en *CORPES XXI*).

El último ejemplo del corpus con predicado estativo es el que presentamos a continuación, en el que aparece la perífrasis verbal <*poder* + infinitivo> con el auxiliar en presente de subjuntivo:

(35) Aunque pueda parecer de sopetón muy fuerte este comentario de un niño que había experimentado la separación de sus padres, debo confesarle que es frecuente en la práctica médica escuchar en boca de hijos este funesto paralelismo (Castells, Paulino: *Los padres no se divorcian de sus hijos. Claves para seguir con ellos tras la separación*. Madrid: Aguilar, 2009, en *CORPES XXI*).

De nuevo en este caso se focaliza el ingreso en el estado, concretamente *parecer*, puesto que el evento en las perífrasis verbales es expresado por el verbo auxiliado, por tanto, se visualiza el propio cambio de estado requerido por la locución adverbial.

### *3.2. Los predicados no delimitados frente a los delimitados*

Encontramos solo un predicado de actividad a lo largo del corpus (0,37% del total) y podríamos pensar que fuera una excepción; sin embargo, cumple el requisito exigido por la locución de focalizar el inicio del evento, ya que funciona como auxiliado de una perífrasis verbal de carácter incoativo, <*comenzar a* + infinitivo>, que focaliza la fase inicial del evento; la estudiaremos en el tercer capítulo de nuestro trabajo. Recogemos a continuación el ejemplo:

(36) Y comenzó a leer de sopetón, masticando galletas de agua en la cama, algunas empapadas de café para sobrellevar la sequedad. Leyó por orden estricto desde el primer despacho, [...] (Matamala, Tito: «El ministro del Interior

es plastimodelista». *Dos novelas breves*. Santiago de Chile: Cuarto propio, 2003, en *CORPES XXI*).

Obsérvese que el evento expresado por el verbo *leer* presenta los rasgos [+durativo] y [-télico], pero al funcionar como auxiliado de la perífrasis <*comenzar a* + infinitivo>, cuyo auxiliar aparece en pretérito perfecto simple o indefinido, se focaliza el propio ingreso en el evento; en efecto, la variedad aspectual expresada es la de aoristo ingresivo, por lo tanto, cumple el requisito de incoatividad que impone la locución *de sopetón*.

Los ejemplos agramaticales que presentamos a continuación demuestran que la locución no suele combinarse con predicados durativos atélicos:

(37) *Los niños caminaron por el parque de sopetón.

(38) *Alfredo paseó con su hermano de sopetón.

(39) *Silvia anduvo sola por el aula de sopetón.

*De sopetón* impone un requisito de delimitación al predicado con el que se combina, de ahí la agramaticalidad de estos tres ejemplos. Obsérvese que, frente a otras actividades como *contar* o *decir*, en las que los resultados son gramaticales porque el contexto favorece la interpretación delimitativa del evento, esto es, la interpretación como realizaciones (*contar* o *decir algo*), *caminar, pasear* o *andar* se interpretan como eventos no delimitados, salvo que en el contexto aparezca un complemento que de forma explícita indique el límite del evento: *caminar 200 metros*, *pasear 2 kilómetros* o *andar una hora*.

La locución objeto de nuestro análisis focaliza, en definitiva, un cambio de estado, en particular, el cambio que corresponde al inicio del evento, de ahí que la consideremos, al mismo tiempo, como locución incoativa e ingresiva (o inceptiva).

A partir de los datos del corpus, observamos que la mayoría de los ejemplos corresponde a predicados de carácter télico, ya sean [+durativos] [+télicos], por tanto, de realización (123 casos, 45,55%), ya sean [-durativos] [+télicos], por tanto, de logro (135 casos, 50%). Recogemos a modo de ilustración algunos de ellos:

(40) Pero él seguía con su locura, con su sueño dorado y un buen día se encontró en la calle con un gran aficionado y, obsesionado con su idea de la bolera

cubierta, le dijo de sopetón: "Oye, Mariano, ya tenemos la bolera cubierta; tenemos el lugar donde puede ir ubicada (Cabello, Modesto: *Los bolos. Recuerdos y Reflexiones*. Santander: Librería Estudio, 200, en *CORPES XXI*) [...] [+durativos] [+télicos]

(41) - ¿Y qué le parece la alectomancia, don Gaspar? -preguntó Moreno, de sopetón (Casas, Jaime: *Un actor sin escenario*. Santiago de Chile: LOM Ediciones, 2006, en *CORPES XXI*) [+durativos] [+télicos]

(42) Y punto, nada pudo detenernos. De sopetón entramos al mismísimo paraíso, nos parapetamos como francotiradores junto a una mesa en la que un cocinero cortaba enormes piernas de jamón y dijimos que sí a todos sus ofrecimientos (Matamala, Tito: «Hoy recuerdo la tarde en que le vendí mi alma al diablo (era miércoles y llovía elefantes)». *Dos novelas breves*. Santiago de Chile: Cuarto propio, 2003, en *CORPES XXI*) [-durativos] [+télicos]

(43) La respuesta le vino de sopetón, cuando atendía a un cliente. Fue algún comentario que hizo con relación a la preocupación por los negocios y el funcionamiento de su estómago (Madriñán, Rocío: «Sara y el dragón». Vásconez, Javier; Madriñán, Rocío; Páez, Santiago: *Novela II*. Madrid: Alfaguara, 2009, en *CORPES XXI*) [-durativos] [+télicos]

Los predicados de estos ejemplos son *decir algo, preguntar algo, entrar* y *venir*. Como indicamos junto a cada enunciado, los dos primeros son durativos y los dos segundos puntuales, pero los cuatro poseen el rasgo de la telicidad. Observemos, además, que el tiempo verbal en el que se conjugan es pretérito perfecto simple, por tanto, expresan la variedad de aoristo o perfectivo; concretamente en el caso de los dos primeros predicados, con los rasgos [+durativo] [+télico], la subvariedad de aoristo ingresivo. Por otro lado, como estudiaremos más abajo, en los tres primeros enunciados encontramos tres de las cinco lexías que más frecuentemente se combinan con la locución.

En el apartado 2.3. de este capítulo, mostrábamos un contraste de gramaticalidad entre dos ejemplos cuyos predicados eran, respectivamente, *dormir* y *dormirse* combinados con la locución *de sopetón*. Los retomamos aquí nuevamente:

(44) ??Pedro durmió de sopetón.

(45) Pedro se durmió de sopetón.

El primer evento tiene carácter durativo y delimitado si entendemos que se presupone por el contexto un determinado tiempo durante el que el sujeto está dormido (*durmió toda la noche*, por ejemplo), de ahí la agramaticalidad al combinarse con la locución *de sopetón*, puesto que no se focaliza la fase inicial puntual. Frente a ello, el ejemplo con el predicado *dormirse* sí resulta gramatical. En efecto, el pronombre *se* tiene un efecto delimitador; se trata de uno de los predicados "inacusativos con se" sobre el que afirma De Miguel (1999: 3025):

> Dentro de la clase de los incoativos, se incluye el grupo bastante amplio de verbos conocidos como "inacusativos con se"—variantes intransitivas de verbos causativos—, como *arrugarse, asustarse, avergonzarse, curarse, despertarse, dormirse, oxidarse, plegarse, preocuparse, secarse*, etc.

De Miguel y Fernández Lagunilla (2000) defienden que el clítico *se* indica la culminación del evento: "el *se* es un operador aspectual que señala que el evento culmina en un punto que desemboca en un cambio de estado" (p. 28). Esto explica, pues, que el comportamiento del predicado *dormirse* sea opuesto a *dormir*, dado que el primero, al focalizar el propio cambio de estado, tiene sentido incoativo y resulta compatible con la locución *de sopetón*.

A continuación, contrastamos los dos enunciados anteriores con otro par de ejemplos con las mismas lexías verbales, pero combinados con la locución adverbial *de un tirón*, sobre la que el *DLE* proporciona la siguiente información: "De una vez, de un golpe":

(46) Pedro durmió de un tirón.

(47) ??Pedro se durmió de un tirón.

Comprobamos que el comportamiento con la locución *de un tirón* es el contrario al manifestado con *de sopetón*. Mientras que la primera focaliza un evento puntual delimitado (el caso de los logros) o bien un subevento inicial puntual, como ocurre con ciertos estados, con las realizaciones y, en menor medida, con las actividades (donde comprobábamos que solo aparecía un ejemplo gramatical en el corpus como auxiliado de la perífrasis verbal <*comenzar a* + infinitivo>), *de un tirón* focaliza un evento durativo delimitado.

Nos parece interesante a este respecto la información sobre esta locución que proporciona Bosque (2004: 811) en el *Diccionario Redes;* obsérvese que uno de los ejemplos que propone contiene la misma lexía verbal que el enunciado gramatical que acabamos de presentar:[15]

> Se combina con verbos que designan acciones que tienen fin natural (*lavar los platos de un tirón*; *corregir los exámenes de un tirón*) y también con otros que, sin tenerlo, pasan a adquirirlo por la presencia de un límite o de algún complemento cuantitativo (*correr veinte kilómetros de un tirón*; *dormir toda la noche de un tirón*; *ir hasta el pueblo de un tirón*) [...]

Consideramos que la diferencia entre ambas locuciones estriba en que con *de sopetón* se focaliza el momento inicial del evento, en el caso de las realizaciones, los estados y las actividades, o el propio evento, en el caso de los logros, de modo que podemos afirmar que impone el rasgo [+puntual] y [+delimitado], ya sea sobre el evento completo, ya sea sobre el subevento inicial. Por el contrario, la locución *de un tirón* requiere que los predicados sean delimitados o manifiesten un comportamiento como tales en el contexto, pero con el rasgo [+durativo], en lo que ambas locuciones manifiestan un comportamiento opuesto y que explica los contrastes de gramaticalidad entre los ejemplos que hemos presentado.

De acuerdo con la explicación que acabamos de proponer, entendemos también el contraste de gramaticalidad entre el siguiente par de oraciones:

(48) Se cayó de la silla de sopetón.

(49) *Se cayó de la silla de un tirón.

El predicado *caerse* es un logro, de modo que cumple los rasgos [+puntual] y [+delimitado] exigidos por la locución *de sopetón* a los predicados con los que se combina, de ahí la gramaticalidad del primer ejemplo. Por el contrario, al no ser un predicado durativo, la combinación con la locución *de un tirón* da lugar a resultados agramaticales. Esta misma explicación es la que permite entender el contraste entre los siguientes ejemplos con el predicado puntual télico *entrar*:

15 No consta en el *Diccionario* la entrada *de sopetón*, de ahí que no la hayamos incluido.

(50) Enrique entró de sopetón.

(51) *Enrique entró de un tirón.

Una vez analizadas a lo largo de estos dos apartados las posibilidades combinatorias de la locución *de sopetón* con los distintos predicados desde el punto de vista del aspecto léxico o modo de acción, recogemos en el siguiente gráfico los datos cuantitativos, donde podemos observar la clara diferencia entre la presencia de los predicados atélicos (las actividades y los estados), que suman el 4,45%, frente a los télicos (las realizaciones y los logros), que suman el 95,55%:

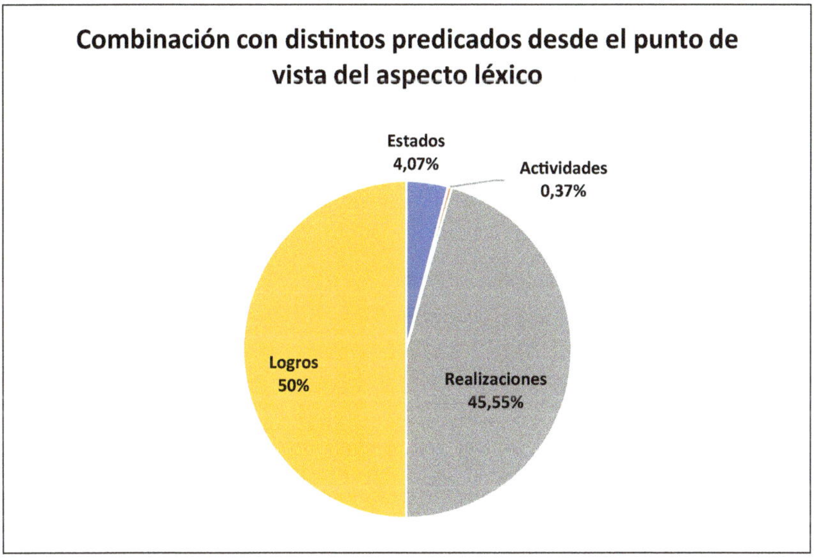


*Gráfico con los resultados de combinar los distintos predicados según el aspecto léxico con la locución* de sopetón *presentes en* CORPES XXI

# 4. Las formas verbales que se combinan con la locución en el corpus

En este apartado estudiaremos las formas verbales de los predicados que se combinan con la locución *de sopetón* en *CORPES XXI*, con el objetivo de comprobar si hay formas que presentan una mayor frecuencia y explicar el motivo.

Una vez extraídos los datos del corpus, el resultado, que a continuación vamos a analizar, es el que exponemos en el siguiente gráfico:

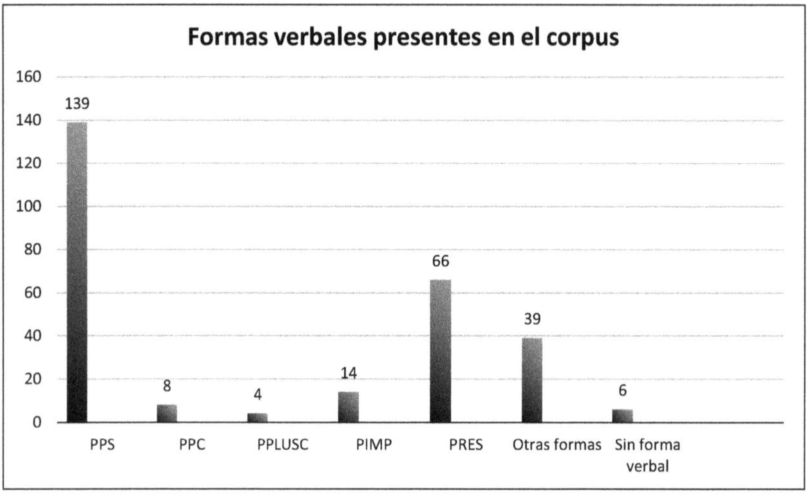


*Gráfico con la clasificación de las formas verbales presentes en el corpus*

Los enunciados presentes en *CORPES XXI* que incluyen la locución *de sopetón* son en total 276. Observamos que hay un claro predominio del pretérito perfecto simple o indefinido respecto a las otras formas verbales. El valor aspectual que manifiesta este tiempo en el corpus nos lleva a establecer una relación con el pretérito perfecto compuesto y con el pretérito pluscuamperfecto, que hemos colocado en las dos columnas que figuran a la derecha del primer tiempo; dedicaremos el próximo subapartado al análisis de las tres formas. Además, comprobamos que la segunda forma verbal con mayor frecuencia de uso es el presente, seguida del pretérito imperfecto, ambas de indicativo. Por otro lado, hemos etiquetado como "otras formas" un grupo en el que se incluye el condicional, el presente y el pretérito imperfecto de subjuntivo, así como las formas verbales no finitas: infinitivo, gerundio y participio. No hay entre ellas ninguna que manifieste un uso destacado frente al resto, de ahí que aparezcan agrupadas. Por último, incluimos en la sexta columna los seis enunciados en los que no figura ninguna forma verbal, de los que a continuación presentamos algunos ejemplos:

(52) Y todo a oscuras de sopetón. "Ahí, coño, que se vaya, así, igual y parejo, comunismo en fin, por lo menos los apagones no son como la comida y el dinero [...] (Brito Fuentes, Mario: *La tierra del cebú*. Santiago de Cuba: Editorial Oriente, 2011, en *CORPES XXI*).

(53) Y una pequeña preguntita: de sopetón: ¿Quedarían satisfechos y contentos quienes en el partidismo tuvieron una militancia activa, "desinteresada"? ¡Lo dudamos! (Trejo Paiz, Marco Tulio: «Dos y tres... Ya pasó lo más ruidoso de la pelea político-electoral». *La Hora*. Guatemala: lahora.com.gt, 2011-09-12, en *CORPES XXI*).

(54) Crónica de la muerte de Paco Uribe (buen tratamiento de tiempos y espacios, en blanco y negro, para un minipolicial con asesino a sueldo y aires de nouvelle vague) y Cenizas (otro semipolicial en medio del campo, con asesinato múltiple y final de sopetón) (Bernades, Horacio: «Mucho espacio abierto y naturaleza salvaje». *Página/12*. Buenos Aires: pagina12.com.ar, 2012-08-03, en *CORPES XXI*).

(55) Todo así, abrupto, casi de carretilla, de sopetón (Montes Huidobro, Matías: *Un bronceado hawaiano. Un film noir*. Valencia: Aduana Vieja Editorial, 2012, en *CORPES XXI*).

En cada uno de estos enunciados podemos entender un determinado verbo omitido, como en el primero: *Y todo se quedó a oscuras de sopetón*, por ejemplo, pero lo que nos interesa aquí no es determinar cuáles serían tales verbos, sino dar cuenta del hecho de que podemos tener casos en los que la forma verbal no aparece y queda sobreentendida por el contexto.

Dedicaremos los siguientes apartados a analizar los valores que manifiestan las formas verbales con mayor presencia en el corpus.

### *4.1. La variedad aspectual más frecuente en el corpus: el aoristo o perfectivo*

El pretérito perfecto simple o pretérito indefinido figura en 139 ocasiones de 270 formas verbales en total que encontramos en el corpus (recordemos que los ejemplos son 276, pero 6 de ellos no presentan ninguna forma verbal); por tanto, es la más frecuente, como hemos visto reflejado en el gráfico precedente. En los apartados dedicados a las variedades de aspecto léxico que se combinan con la locución, presentamos varios ejemplos con este tiempo verbal, por ello no los mostramos nuevamente aquí. La variedad aspectual expresada por este tiempo, como hemos señalado arriba, es aoristo o perfectivo o bien la subvariedad de aoristo ingresivo, que favorece la focalización del inicio del evento, requerida por la locución *de sopetón*.

Junto a este tiempo, encontramos en el corpus dos formas verbales compuestas: el pretérito perfecto compuesto, en 8 ejemplos, y el pretérito pluscuamperfecto, en 4. Desde el punto de vista aspectual, estas dos formas compuestas son ambiguas entre una interpretación de aoristo o perfectivo y una interpretación de perfecto. El contexto y la combinación con unos u otros complementos temporales favorece la interpretación en cada enunciado de una u otra variedad aspectual (Carrasco Gutiérrez, 1998: 162–200 y García Fernández, 2000: 46–60). Nos detenemos a continuación en explicar tal ambigüedad antes de pasar al análisis de los ejemplos del corpus. Mostramos un primer par de enunciados con estos dos tiempos, cuya interpretación es de aoristo:

(56) Irene y Pedro han llegado del viaje de Canadá a las once de la noche.

(57) José Antonio me dijo que le habían entregado el paquete ayer a las 12.00, con dos días de retraso respecto a lo previsto.

El complemento temporal *a las once de la noche* del primer ejemplo sitúa el propio evento de la llegada de Irene y de Pedro, por tanto, el evento completo, como corresponde a la variedad de aoristo. De modo similar, en el segundo ejemplo, *a las 12.00* sitúa el evento de la entrega del paquete a José Antonio. Observemos a continuación la interpretación diversa de los siguientes enunciados, que corresponden a la variedad aspectual de perfecto:

(58) Irene y Pedro ya han llegado del viaje de Canadá.

(59) José Antonio me dijo que ya le habían entregado el paquete.

En efecto, la combinación de los tiempos compuestos con el adverbio *ya* favorece la variedad de perfecto (García Fernández 2000: 216–226), en la que, a diferencia del aoristo, no se focaliza el propio evento de la llegada o de la entrega, sino el resultado de ambos, esto es, la parte posterior al final del evento. Observemos que en el primer ejemplo no se informa del momento de la llegada de Irene y Pedro, sino de que, en un punto de la línea temporal, ya se encuentran de vuelta de su viaje de Canadá, con independencia de que hayan llegado un minuto antes de que el hablante pronuncie el enunciado, dos horas o más tiempo. De modo similar, en la segunda oración sabemos que el sujeto ya ha recibido el paquete, pero no cuándo se ha realizado la entrega. Una prueba sintáctica clara con la que se demuestra la interpretación de la variedad de perfecto en estos y en otros ejemplos es la interrogación con *cuándo* (Carrasco Gutiérrez, 1998: 162–200, García Fernández, 2000: 46–60 y Mittwoch, 1995: 266, nota 11). En efecto, no resulta gramatical, puesto que no se focaliza el momento en el que tiene lugar el evento, sino el resultado de este:

(60) *¿Cuándo han llegado ya Irene y Pedro del viaje de Canadá?

(61) *¿Cuándo ya le habían entregado el paquete a José Antonio?

Observemos que, por el contrario, los ejemplos en los que estos dos tiempos compuestos expresan aspecto aoristo, que hemos presentado arriba, sí pueden ser interrogados por *cuándo*:

(62) ¿Cuándo han llegado Irene y Pedro del viaje de Canadá?

(63) ¿Cuándo le habían entregado el paquete a José Antonio?

Una vez demostrada la ambigüedad aspectual de estos dos tiempos compuestos, presentamos algunos de los ejemplos del corpus en los que, como comprobaremos, la variedad aspectual expresada es aoristo o perfectivo. Empezamos por los enunciados con el pretérito perfecto compuesto:

(64) La vida de Unai se ha volteado en los últimos ocho meses. La fama, el dinero y el circo del gran fútbol le ha llegado de sopetón. Fichó en junio por

el Villarreal, que acababa de subir a Primera; acudió a los Juegos de Sydney a última hora (Ros, Cayetano: «El 'bonachón' de potente zurda». *El País*. Madrid: elpais.com, 2001-02-27, en *CORPES XXI*).

(65) El éxito les ha llegado de sopetón. Desde mayo viven entre Silicon Valley, donde reside el dinero; Tel Aviv, donde desarrollan la tecnología, y Viena, donde tienen el corazón. (Reventós, Laia: «Dos austríacos crean Jajah, un servicio de voz IP para teléfonos móviles y fijos». *El País.com. Ciberpaís*. Madrid: elpais.com/diario/ciberpais, 2006-10-12., en *CORPES XXI*).

Observemos que ambos enunciados admiten la interrogación por *cuándo*, pero no son compatibles con el adverbio *ya*:

(66) ??La fama, el dinero y el circo del gran fútbol ya le ha llegado de sopetón. Vs. – ¿Cuándo le ha llegado la fama, el dinero y el circo del gran fútbol? – De sopetón.

(67) ??El éxito ya les ha llegado de sopetón. Vs. – ¿Cuándo les ha llegado el éxito? – De sopetón.

Un comportamiento similar lo manifiestan los enunciados con pretérito pluscuamperfecto:

(68) «Realmente, es un caso muy raro este de Isabel Varela, ¿no cree?», le había soltado de sopetón, manoseándose un bigotito demodé que ensuciaba su rostro (Abad, Iñaki: *Los malos adioses*. Madrid: Ediciones Siruela, 2007, en *CORPES XXI*).

(69) Al búlgaro lo sustituyó a falta de un cuarto de hora y le realizó de pasada un tímido gesto de aprobación. De esta forma, el Tottenham pasa el trámite y Juande Ramos evita el mal trago de perder una eliminatoria que se había encontrado de sopetón nada más aterrizar a Londres («Fútbol internacional. Juande Ramos se presenta en sociedad con una victoria para el Tottenham». *El País.com*. Madrid: elpais.com, 2007-10-31, en *CORPES XXI*).

Aplicamos a estos dos enunciados las mismas pruebas que en los anteriores:

(70) ??«Realmente, es un caso muy raro este de Isabel Varela, ¿no cree?», ya le había soltado de sopetón [...] *Vs*. – ¿Cuándo se lo había soltado? – De sopetón.

(71) ??Juande Ramos evita el mal trago de perder una eliminatoria que ya se había encontrado de sopetón nada más aterrizar a Londres. *Vs*. ¿Cuándo se lo había encontrado? – De sopetón.

Así pues, comprobamos que la variedad aspectual expresada tanto por los enunciados del corpus en pretérito perfecto simple como por los enunciados en pretérito perfecto compuesto y pretérito pluscuamperfecto es aoristo.

Dado que estamos dedicando este apartado a las formas verbales que expresan aoristo, hemos de incluir también aquí los 31 ejemplos en los que el presente se interpreta con el valor de pretérito perfecto simple; es el denominado a menudo *presente histórico*. Recogemos tres de los ejemplos:

(72) Él me ayudó a recoger los objetos del piso, en realidad empeorando las cosas pues ponía más en evidencia mi torpeza y bochorno. Así para sacarme el tomate de la cara le pregunto de sopetón, como si lo conociera de toda la vida, qué hacía. Me dijo que andaba buscando [...] (Font Acevedo, Francisco: «Plagios del karma cósmico». *Caleidoscopio*. San Juan: Isla Negra, 2004, en *CORPES XXI*).

(73) Bueno, una entrevista normal. Meses después quedé a comer con Luis García Abad, el hombre que gestiona todos los asuntos del piloto y, de sopetón, me suelta que el día que le hice la última entrevista en Malasia, tuvieron un pequeño accidente de coche mientras se producía la misma (Santos, José Javier: *Abrazos y zancadillas. Memorias deportivas*. Madrid: Aguilar, 2009, en *CORPES XXI*).

(74) Con Riquelme tuvimos suerte y conseguimos lugar a un extremo de la barra. Nos pedimos dos piscolas. Riquelme, que en el fondo seguía siendo tira, me pregunta de sopetón: [...] (Quercia M., Boris: *Santiago Quiñones, tira*. Santiago de Chile: Mondadori, 2010, en *CORPES XXI*).

Observemos que las tres formas de presente con las que se combina la locución en estos enunciados pueden ser sustituidas por el pretérito perfecto simple o indefinido, respectivamente:

(75) para sacarme el tomate de la cara le preguntó de sopetón.

(76) de sopetón, me soltó que el día que le hice la última entrevista en Malasia,

(77) Riquelme, que en el fondo seguía siendo tira, me preguntó de sopetón:

Así pues, las hemos etiquetado en el corpus como formas de presente, como corresponde, si bien desde el punto de vista aspectual la variedad expresada es aoristo y no imperfectivo.

En definitiva, a partir del significado del aspecto aoristo o de la subvariedad de aoristo ingresivo entendemos que sea la más frecuente en el corpus, puesto que cumple el requisito exigido por la locución *de sopetón* de focalizar el inicio del evento o el evento completo en el caso de que sea puntual, ya esté expresada por el PPS, PPC, PPLUSC o, incluso, por el PRES.

## *4.2. La combinación con el presente de indicativo*

Tras el pretérito perfecto simple o pretérito indefinido, la segunda forma verbal más utilizada en el corpus es el presente de indicativo, que figura en 66 ocasiones, 31 de las cuales (46,96%) corresponden al presente con valor de pretérito perfecto simple que hemos estudiado en el apartado anterior y que consideramos como valor no prototípico, siguiendo la distinción propuesta en trabajos como Zamorano Aguilar y Martínez-Atienza (2014), (2018) y (2020) y Martínez-Atienza y Zamorano Aguilar (2020). De acuerdo con ella, los valores prototípicos del presente expresan coincidencia del evento con el momento de la enunciación y aspecto imperfectivo, mientras que los no prototípicos corresponden a la expresión de un evento anterior o posterior al momento de la enunciación. Siguiendo con los usos del presente en el corpus, encontramos otros prototípicos: 21 de los enunciados expresan valor genérico, a los que se suman 6 enunciados en los que el presente expresa coincidencia exacta del evento con el momento de la enunciación y 2 habitualidad. Por último, 6 ejemplos corresponden a valores no prototípicos, a los que se suman los 31 ejemplos mencionados de uso del PRES por PPS.

Mostramos a continuación algunos ejemplos que reflejan el valor prototípico genérico, el segundo uso más frecuente del presente en el corpus:

(78) Los momentos tristes vienen así, de sopetón. Como cuando estás en el baño con la primera meada mañanera y de pronto, sin querer, te ves de lado en el espejo. Qué lástima («Expedientes X. Cosas tristes». *El Club de la Comedia. Qué mal está repartido el mundo… y el universo ni te cuento.* Madrid: Aguilar, 2011, en *CORPES XXI*).

(79) Cuando uno se encuentra con libros como éste, escritos por un pensador y académico justamente reconocido y respetado, con los que te topas de

sopetón en los primeros estantes a la entrada de los locales de los mayores trusts libreros bajo el epígrafe de "novedades", best sellers incoados, con una presentación material de lujo, de diseño consumista estándar, piensa varias cosas encontradas, que no hace falta decir, porque son ésas "en que todos pensamos" (Reguera, Isidoro: «Felices y libres en un planeta racional». *El País.com. Babelia.* Madrid: elpais.com/diario/babelia, 2008-05-31, en *CORPES XXI*).

Comprobamos que en estos casos el presente no hace referencia a un evento concreto, sino a una generalización que hace el hablante. El significado es similar al habitual que a continuación veremos, de modo que podrían parafrasearse, respectivamente, por *Los momentos tristes suelen venir así, de sopetón* y *con los que te sueles topar de sopetón en los primeros estantes.* Como decimos, un valor cercano al genérico es el habitual,[16] presente en dos enunciados del corpus; en el que mostramos a continuación el sujeto está explicando una práctica que suele hacer desde hace tiempo:

(80) Coño, qué rico ese grito que dan cuando la cabeza de la pinga les rompe el ojo del ano. Yo entro de sopetón porque me gusta oírlas gritar, que sufran, que ese pingón las mate, coño (Miguel Muñoz, Elías: *Vida Mía.* Valencia: Aduana vieja, 2006, en *CORPES XXI*).

Continuando con los valores prototípicos que manifiesta el presente en el corpus, observamos que en seis casos el evento coincide exactamente con el momento de la enunciación o momento del habla:

(81) Pero qué estás diciendo. ¿Qué mosca te picó, si se puede saber? Así de sopetón como si se tratara de apagar las luces me planteás[17] que me desentienda de mis relojes. ¿Por qué? (Ferrer, Renée: *La colección de relojes.* Asunción: cervantesvirtual.com, 2013-05-04, en *CORPES XXI*).

(82) -Mire, tengo urgencia de hablarle. ¿Qué dice? ¿No se enchinchará si entro de sopetón? (Liano, Dante: *El hombre de Montserrat.* Barcelona: Roca Editorial de Libros, 2005, en *CORPES XXI*).

---

16 Sobre el habitual y sus distintas formas de expresión en español, puede consultarse Martínez-Atienza (2004).

17 La forma verbal *planteás* es propia del voseo, característico de la variedad rioplatense, en este caso de Paraguay. La bibliografía sobre este fenómeno es muy abundante. Recomendamos, entre otros, Fontanella de Weinberg (1977), Saralegui Platero (1986) o Benavides (2003).

Por último, como decimos hay seis ejemplos que corresponden a valores no prototípicos, en los que el evento no está anclado al momento de la enunciación, como ilustramos a continuación:

(83) Aquí podemos dar un salto en contra de la realidad, donde el personaje tiene que salir, tomar un auto, llegar, esperar, etc. No. Aquí de sopetón, en este párrafo, ya Juan y yo estamos en el despacho de Clodoveo, ya los he presentado y acabamos de entrar en el tema (Jaramillo Agudelo, Darío: *El juego del alfiler*. Valencia: Pre-Textos, 2002, en *CORPES XXI*).

En el fragmento *Verás cómo sanas de sopetón* del ejemplo siguiente, comprobamos que el presente *sanas* puede ser sustituido por la forma perifrástica *vas a sanar*:

(84) —Tú lo que necesitas —le susurraba Francisca confidencial—es un buen sopón de rabo de toro con plátano macho y huevo de carey. Verás cómo sanas de sopetón. Porque no hay medicina como un hombre caliente para curar las dolencias de mujer (Ajón León, Alberto: *ANCORA*. La Habana: Editorial Letras Cubanas, 2003, en *CORPES XXI*).

Mostramos a continuación en un gráfico la frecuencia de uso de los valores del presente:

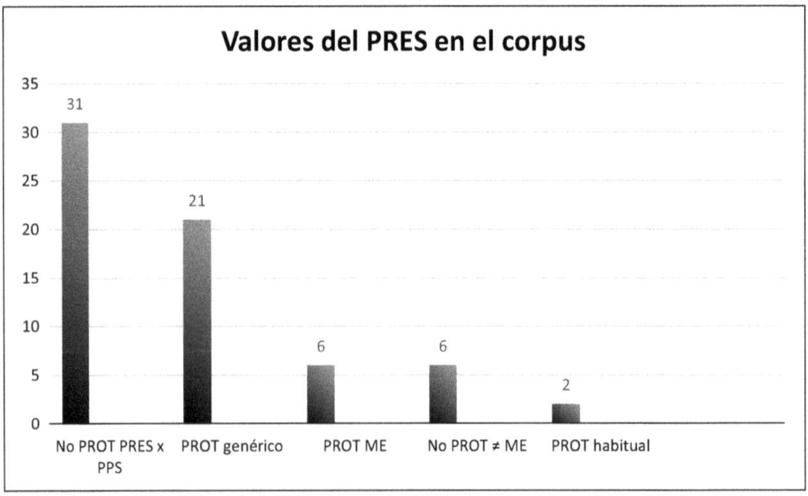


*Gráfico con los valores del presente en el corpus*

Así pues, a partir del análisis, constatamos que el presente adquiere, mayoritariamente, un valor no prototípico que equivale al PPS o uno prototípico genérico. Sin embargo, un valor minoritario es el que expresa coincidencia exacta con el momento de la enunciación, lo que concuerda con nuestra hipótesis, ya que este valor no favorece el significado de cambio de estado requerido por la locución.

### *4.3. La combinación con el pretérito imperfecto de indicativo*

Respecto al pretérito imperfecto de indicativo, entendemos que apenas esté presente en el corpus; en efecto, figura en 14 casos de 270. En cinco de ellos el valor es habitual, por tanto, compatible con la interpretación incoativa, del mismo modo que hemos visto en el caso del presente; lo mostramos con los ejemplos siguientes:

(85) Era inútil: los músculos se acalambraban de inmediato y de sopetón venía la parálisis del cuerpo y de la mente, porque el agua helada desalentaba el más pertinaz instinto de supervivencia (Kaufmann, Paola: *El lago.* Buenos Aires: Planeta, 2005, en *CORPES XXI*).

(86) años en los que no era lo mismo un baile en el Centro Gallego que un gallego en el centro del baile, ni tampoco el consulado de China que él con su china al lado, y en los que había gente que no sabía qué responder cuando alguien de sopetón le preguntaba de qué color era el caballo blanco de Maceo... (Bianchi Ross, Ciro: «La hora del cañonazo». *Juventud Rebelde.* La Habana: juventudrebelde.cu/columnas/lecturas/2013-03-23/la-hora-del-canonazo, 2013-03-23, en *CORPES XXI*).

En el resto también tenemos la interpretación incoativa exigida por la locución *de sopetón*; en seis de los ejemplos, por otro lado, es el auxiliar de perífrasis verbales el que aparece conjugado en pretérito imperfecto, como ilustramos con los dos primeros ejemplos siguientes:

(87) no podía aterrizar de sopetón en el melodrama, creería que nos habíamos vuelto todos locos. ¿Cómo se lo explicaría él a Giulia? (Allende, Isabel: *La Suma de los Días.* Barcelona: Areté, 2007, en *CORPES XXI*).

(88) Se presentó sólo con el primero, claro, no iba a soltarme el rollo completo de sopetón (Burrell, Berna: *La envidia es color de arsénico.* Panamá: Alfaguara, 2004, en *CORPES XXI*).

(89) -¡Primera en usar el baño! -exclamé mientras me levantaba de sopetón (Lienas, Gemma: *¡Eres galáctica, Carlota!* Barcelona: Planeta, 2012, en *CORPES XXI*).

Como ya hemos señalado en este capítulo, esta forma verbal expresa aspecto imperfectivo, de modo que no focaliza los límites inicial ni final de los eventos, por lo que no favorece la interpretación incoativa requerida por la locución *de sopetón.*[18] Contrasta, por tanto, con el aspecto perfectivo o aoristo expresado por el pretérito perfecto simple o indefinido. Observamos en los ejemplos, además, que prácticamente todos los predicados con pretérito imperfecto son télicos desde el punto de vista del aspecto léxico, en particular logros, que al carecer de duración favorecen la interpretación incoativa, dado que expresan un cambio de estado.

A partir de los datos del corpus, hemos seleccionado las tres formas verbales que tienen mayor presencia y las variedades de aspecto léxico de los predicados de tales formas. El resultado, que incluimos en el gráfico recogido a continuación, muestra lo que hemos ido afirmando a lo largo del trabajo: el predominio de uso del pretérito perfecto simple respecto al presente y al pretérito imperfecto, así como la escasa presencia de los predicados estativos, frente a los de carácter télico, ya sean estos [+durativos], ya sean [-durativos]:

18 Respecto a los valores del pretérito imperfecto, en Zamorano Aguilar y Martínez-Atienza (2014) distinguimos entre los prototípicos y los no prototípicos, al igual que hacíamos para el presente, como hemos afirmado arriba. Los primeros corresponden al valor como forma de pasado y aspecto imperfectivo, mientras que entre los segundos figuran los valores de cortesía, lúdico, narrativo, etc., para los que defendemos nuestra hipótesis del pretérito imperfecto como focalizador de la enunciación, de acuerdo con la cual en numerosos casos, este tiempo se emplea para formalizar el evento de una enunciación presente y el valor que adquiere es el de focalizador de una enunciación pasada (o varias), para lo cual neutraliza sus valores tempo-aspectuales.

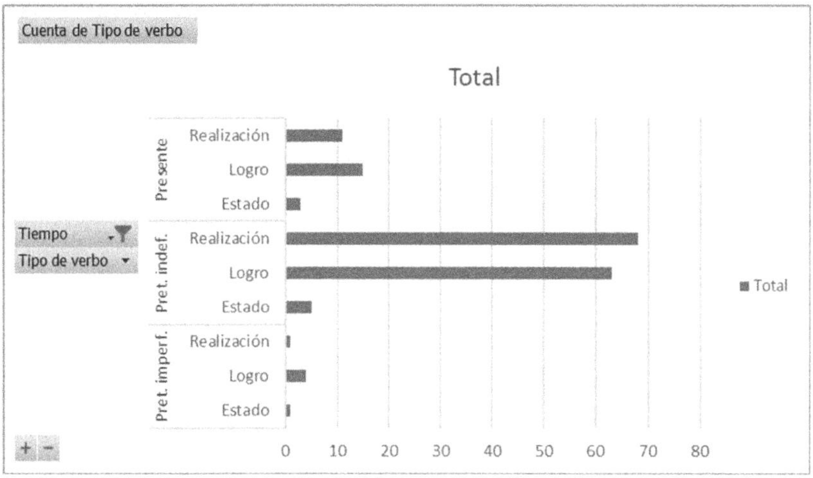


*Gráfico de los tiempos verbales más frecuentes con relación a las variedades de aspecto léxico*

## 5. Combinaciones léxicas

Empezamos este apartado retomando una parte de la cita de Bosque (2004: LXXIX) en el *Diccionario Redes*, que incluíamos en la Presentación de nuestro trabajo:

> las combinaciones léxicas que podemos describir y analizar de manera relativamente sistemática -es decir, como parte objetiva del idioma- no se limitan a las locuciones y a los refranes [...] El sistema lingüístico fija muchas más opciones de las que solemos reconocer explícitamente.

En efecto, el léxico condiciona la sintaxis, de modo que el significado de las palabras permite que unas combinaciones sean posibles y no otras y, más aún, que en la lengua puedan establecerse combinaciones léxicas debido a la compatibilidad semántica entre los términos.[19]

19 Véase también Bosque (2006) sobre el concepto de *combinación léxica*.

Partiendo de esta idea, hemos llevado a cabo un análisis de las lexías verbales que se combinan con la locución *de sopetón* en el corpus, para comprobar si hay algunas que presentan una frecuencia significativa y que nos permitiría hablar de combinaciones léxicas. Así pues, del total de 270 ejemplos que constituyen nuestro corpus, hemos comprobado que en varios de ellos se repite el mismo verbo.

Teniendo en cuenta el total de enunciados, hemos tomado 10 como número representativo de las muestras de un determinado verbo y hemos comprobado que, efectivamente, hay cinco verbos que aparecen en 10 ocasiones (en un caso) o en más ocasiones (en el resto). Hemos tomado como referencia 10 porque, salvo estos cinco, el resto de los verbos del corpus se distancia notablemente de esta frecuencia de aparición. En el gráfico que refleja estos datos y que mostramos a continuación, aparecen ordenadas las lexías verbales de menor a mayor frecuencia de uso en el corpus, visto en orden descendente: *entrar(se), encontrar(se), soltar, decir* y *preguntar.* Observamos que los cinco son predicados télicos o que suelen aparecer en el contexto como tales, como es el caso de los tres últimos: *decir, soltar* o *preguntar* algo. En el caso de estos tres verbos, presentan los rasgos [+durativo] [+télico], mientras que *entrar* y *encontrar(se)* son predicados con los rasgos [-durativo] [+télico]:

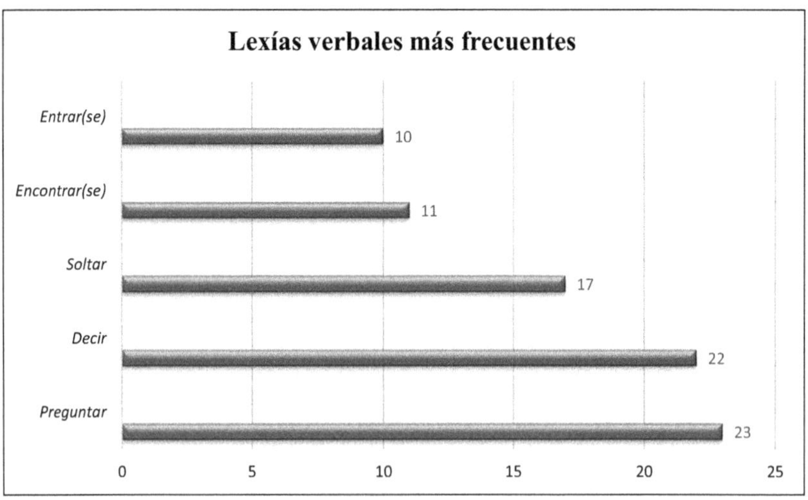


*Gráfico con las lexías verbales que con mayor frecuencia se combinan con la locución* de sopetón

Los cinco verbos tienen, en definitiva, los rasgos de telicidad y ± duratividad que, tal y como hemos visto a lo largo del trabajo, manifiestan la mayoría de los predicados del corpus. Los tres verbos con frecuencia más alta son de lengua desde el punto de vista semántico, teniendo en cuenta que *soltar* aparece como equivalente de *decir*. Así pues, podemos hablar en estos cinco casos de combinaciones léxicas; si bien son muchas las lexías verbales que han aparecido a lo largo del corpus, la semántica de la locución *de sopetón* manifiesta una preferencia combinatoria por estos verbos.

# CAPÍTULO TERCERO

# LA FOCALIZACIÓN DE LA FASE INICIAL DEL EVENTO: PERÍFRASIS VERBALES INGRESIVAS E INCOATIVAS

## 1. Introducción

En este tercer capítulo de nuestro trabajo, nos proponemos analizar algunas de las perífrasis de significado incoativo e ingresivo en español; en particular, analizaremos <*arrancar a* + infinitivo> y <*romper a* + infinitivo> en contraste con <*empezar a* + infinitivo> y <*comenzar a* + infinitivo>. Partimos de la hipótesis de que las cuatro construcciones constituyen perífrasis verbales, si bien entre ellas existe un contraste en lo que respecta al grado de gramaticalización, concepto del que vamos a hablar en el primer apartado. Para demostrar nuestra hipótesis, analizaremos las restricciones que imponen <*arrancar a* + infinitivo> y <*romper a* + infinitivo>; en particular, estudiaremos, por un lado, las de carácter tempo-aspectual impuestas al verbo auxiliar y, por otro lado, las restricciones de tipo accional impuestas al verbo auxiliado. Posteriormente, analizaremos las piezas léxicas que aparecen como infinitivos en estas dos perífrasis, lo que nos llevará a demostrar que, aunque existen numerosas restricciones, no se limitan a unos cinco o seis verbos, como a veces se ha afirmado en la bibliografía.

Para realizar nuestro análisis, hemos estudiado todas las apariciones de <*arrancar a* + infinitivo> y <*romper a* + infinitivo> en *CORPES*

*XXI*, ya sea para las restricciones tempo-aspectuales, para las accionales o para el recuento de las piezas léxicas que pueden aparecer.

Si bien no nos vamos a detener en ello, sí queremos referirnos a las diferencias de registro que existen entre las perífrasis <*empezar a* + infinitivo> y <*comenzar a* + infinitivo>, por un lado, y <*arrancar a* + infinitivo> y <*romper a* + infinitivo>, por otro. Las dos segundas son más frecuentes en registros coloquiales, mientras que las dos primeras pueden aparecer tanto en registros formales como coloquiales.

## 2. En torno a la gramaticalización y a la lexicalización

Las perífrasis verbales constituyen un ejemplo de construcción en la que el significado no se obtiene de modo composicional, esto es, la semántica de una perífrasis verbal no es el resultado de la suma de cada uno de los elementos que la integran. Para analizarlas, es necesario tener presentes los conceptos de gramaticalización y de lexicalización, que han sido objeto de estudio de numerosos trabajos. Girón Alconchel (2014: 12) explica que en la gramaticalización se producen dos tipos de cambios: 1) la conversión de un lexema en morfema en una construcción concreta y 2) la asunción de nuevas funciones gramaticales por parte de un morfema o de una construcción sintáctica. Algunos ejemplos de gramaticalización son el cambio de participios a preposiciones que se ha producido en *durante* y *mediante* o de oraciones a interjecciones en *venga* o *anda*. Señala acertadamente Garachana Camarero (1999: 169) que este tipo de procesos manifiestan las relaciones existentes entre sincronía y diacronía, además de mostrar la necesidad de analizar las categorías gramaticales dentro de un *continuum*; las perífrasis verbales son un claro ejemplo de ello.

En la lexicalización, sin embargo, un determinado morfema se incorpora al lexicón de una lengua, como ocurre con los sustantivos *mesilla* o *descansillo*, donde inicialmente los sufijos *-illa* e *-illo* formaban los diminutivos de *mesa* y *descanso*, respectivamente, pero que con posterioridad han dado lugar a creaciones léxicas: 'mesa de noche' o 'rellano existente tras el tramo de una escalera'; la inclusión de estos sustantivos como entradas en los diccionarios da muestra de la lexicalización (véanse sobre este fenómeno, entre otros, Varela, 2005 y Elvira, 2006).

Por otro lado, la gramaticalización ha de ser distinguida del fenómeno de la *gramatización*, acuñado por Auroux (1994) y fundamental en los trabajos de historiografía lingüística. Girón Alconchel (2018) establece relaciones entre ambos conceptos: el segundo se refiere a la codificación de los fenómenos lingüísticos en las distintas gramáticas y diccionarios y, en consecuencia, se codifican los resultados de los procesos de gramaticalización.[20]

Por lo que se refiere a las perífrasis verbales, Garachana Camarero (2016) defiende que, en sus primeras fases de formación, son construcciones cercanas a las expresiones lexicalizadas, a las colocaciones, de modo que se sitúan entre los procesos de gramaticalización y los de lexicalización. Aduce dos motivos: 1) las recurrencias léxicas que aparecen para el verbo auxiliado y 2) el hecho al que nos hemos referido arriba: que su significado no se deriva del correspondiente a la suma de sus partes. Así pues, a medida que la construcción perifrástica va evolucionando, las restricciones de tipo léxico que se imponen sobre el verbo auxiliado van disminuyendo. En el extremo inicial de esta evolución estaríamos ante construcciones lexicalizadas cuyo comportamiento se asemeja al de las colocaciones; posteriormente, las restricciones léxicas van reduciéndose. Precisamente, hablaríamos de perífrasis cuando la construcción no está restringida a un número reducido de verbos, es decir, en el origen de las perífrasis verbales tenemos esquemas fraseológicos que se van extendiendo por la posibilidad de aparición de varios verbos en la posición del auxiliado, lo que los convierte en perífrasis verbales. Afirma al respecto:

> La extensión de las perífrasis verbales se hace a medida que las nuevas construcciones van alcanzando nuevas piezas léxicas. La ampliación del repertorio de verbos auxiliados asegura la productividad de la perífrasis verbal, haciendo viable su valor de construcción gramatical con valor verbal y no de locución verbal o construcción idiomática (p. 140).

20 Para un estado de la cuestión sobre el concepto de gramaticalización, véase Garachana Camarero (2015).

Defiende que, inicialmente, las restricciones de carácter léxico están impuestas por el verbo auxiliar, si bien a medida que va evolucionando es la propia construcción, la perífrasis verbal completa, la que impone las restricciones. Afirma, además, que el procedimiento de la "extensión léxica" se da en muchos otros ámbitos de la gramática, como lo muestra la evolución de los verbos posesivos o de los artículos, que también fueron ampliando las áreas del léxico.

Por su parte, Enghels y Vanhulle (2018) se refieren a lo largo de su trabajo a dos tipos de análisis para las perífrasis: uno es el de la lexicalización, que defiende Garachana Camarero (2016) para perífrasis como <*romper a* + infinitivo>, puesto que admite muy pocos verbos auxiliados, y en el otro extremo se situaría la teoría de la construccionalización, de acuerdo con la cual, aunque en el origen de una perífrasis pudiera partirse de una construcción más o menos fija con escaso número de verbos, los posibles auxiliados van aumentando a lo largo del tiempo. Podemos decir que la hipótesis de la construccionalización se opone en cierta medida a la de la lexicalización.

Enghels y Vanhulle (2018: 108) defienden que, aunque en <*romper a* + infinitivo> se manifiesta el proceso de lexicalización, "este proceso ha sido fuertemente contrapesado por la evolución general del esquema incoativo y no llega al nivel que se le asigna en la literatura".

Partiendo de las ideas de los autores que acabamos de exponer, pretendemos demostrar en este capítulo que las perífrasis <*empezar a* + infinitivo> y <*comenzar a* + infinitivo> presentan un grado de gramaticalización superior respecto a <*arrancar a* + infinitivo> y <*romper a* + infinitivo>, esto es, las dos primeras perífrasis, que imponen un mayor número de restricciones en cuanto al verbo que puede funcionar como auxiliado, se encontrarían más cercanas al extremo inicial de evolución de las perífrasis, que surgen como expresiones lexicalizadas de acuerdo con Garachana Camarero (2016); respecto a ellas, <*empezar a* + infinitivo> y <*comenzar a* + infinitivo> manifestarían mayor grado de gramaticalización, como lo demuestra el hecho de que pueda aparecer un número mucho más elevado de verbos funcionando como auxiliados. En particular, a propósito de <*romper a* + infinitivo>, Garachana Camarero (2016: 139) considera que "la construcción creada en *romper* + *a* + *infinitivo* constituye un caso de creación idiomática y de pérdida de composicionalidad. Rasgos ambos que son considerados definitorios de la lexicalización", en lo que cita a Brinton (2008: 41).

Otra idea fundamental en el análisis de las construcciones que nos ocupan es la relativa a la jerarquía de perifrasticidad existente entre las perífrasis verbales, propuesta ya por Bertinetto (1990) y que encontramos en otros trabajos sobre el tema, como en Gómez Torrego (1999), en García Fernández (dir.) (2006), en la *NGLE* (2009) o en Garachana Camarero (2017). A menudo coincide que las perífrasis verbales que presentan un grado más alto de gramaticalización son también las que se posicionan en un lugar más elevado en una escala de perifrasticidad.[21]

## 3. Referencias a <*arrancar a* + infinitivo> y a <*romper a* + infinitivo> en la bibliografía

Analizaremos aquí varios de los trabajos en los que encontramos información sobre <*arrancar a* + infinitivo> y <*romper a* + infinitivo>, en cuya exposición seguiremos un orden cronológico.

---

21 Nuestro análisis tiene carácter sincrónico y, por lo tanto, nos referiremos a las restricciones que presentan actualmente las perífrasis, con independencia de que el número de verbos auxiliados haya aumentado desde los orígenes de las formaciones, de acuerdo con la hipótesis de Garachana Camarero (2016). Nos referiremos exclusivamente en esta nota a la información que proporciona Yllera (1980) respecto a la presencia ya en los textos medievales de las perífrasis <*comenzar a* + infinitivo> y <*empezar a* + infinitivo>; sobre las otras dos perífrasis que analizamos no incluye información. De <*comenzar a* + infinitivo>, afirma que el verbo *començar* alternó originariamente con *compeçar* (procedente de un cruce entre *començar* y *empeçar*) y finalmente quedó solo el primero. Alternaron las construcciones <*començar de* + infinitivo> y <*començar a* + infinitivo>, hasta que quedó solo la segunda. Incluso, cuando aparecen dos infinitivos, se encuentran ejemplos en los que figuran tanto con la preposición *de* como con *a*: *començaron a cometer et de los ferir muy de rezio; començaron de aguijar e a entrar a galope* (Yllera, 1980: 184). En el caso de <*empeçar a* + infinitivo>, desde el principio fue más frecuente con *a* que con *de*: *E desde los moros esto uieron, enpeçaron a venir mas.*

Fente, Fernández y Feijóo (1979 [1972]: 22 y 23) hablan de "iniciación brusca de estas acciones" para la perífrasis <*romper a* + infinitivo>, algo que también afirma Morera (1991: 158–163), mientras que García González (1992: 70 y 71) considera <*romper a* + infinitivo> como perífrasis verbal con los mismos valores que <*echar(se) a* + infinitivo>, "pero añade la idea de acción contenida hasta un determinado momento, por lo que se inicia con una mayor brusquedad". Se refiere también a la escasez de verbos que pueden funcionar como auxiliados, información que encontramos en buena parte de los estudiosos.

Olbertz (1998: 72–74) hace referencia a los trabajos sobre <*romper a* + infinitivo> de Fente, Fernández y Feijóo (1979 [1972]) y Gómez Torrego (1988), quienes afirman que *hablar* también puede funcionar como verbo auxiliado de la perífrasis, en lo que ella discrepa, de acuerdo con los juicios obtenidos de sus informantes. Lo cierto es que nosotros hemos analizado todas las apariciones de la perífrasis en *CORPES XXI* y no figura en ningún caso este auxiliado. Olbertz (1998) defiende que la perífrasis expresa el inicio de un evento repentino e incontrolado, por lo tanto, el sujeto puede ser agente, pero no controla el evento. Respecto al tipo de verbos que pueden funcionar como auxiliados, sostiene que deben cumplir la condición de expresar emisión de sonidos humanos, si bien se trata de una condición necesaria, pero no suficiente, de modo que restringe el número de auxiliados exclusivamente a unos pocos, tal y como lo presenta en la entrada léxica correspondiente a *romper a*:

| |
|---|
| *romper*$_v$ *a* {*chillar*$_{v\,inf}$, *gritar*$_{v\,inf}$, *hablar*$_{v\,inf}$, *llorar*$_{v\,inf}$, *reír*$_{v\,inf}$} |
| $(x_1: \text{<hum>})_{Proc}$ |
| meaning: 'suddenly begin to {yell, speak, weep, laugh} in an uncontrolled way'. |

Estamos de acuerdo con Olbertz (1998), así como con el resto de autores, en la expresión de un inicio brusco o repentino de un evento, pero no en la falta de control por parte del sujeto, ni tampoco en que exprese sonidos humanos. Nuestra oposición se apoya en los datos que hemos encontrado en el corpus. En efecto, *hervir* es uno de los verbos que con más frecuencia aparece, en particular en 127 ocasiones; está claro que no cumple la condición que Olbertz establece como necesaria de emisión de sonidos humanos. Asimismo, encontramos seis apariciones del verbo *ladrar*. Por otro lado, consideramos que el inicio brusco o repentino de un evento no implica una falta de control por parte del sujeto. En efecto, como podemos demostrar a partir de los datos, son muchos los ejemplos en los que se puede comprobar claramente que el sujeto sí es controlador del evento, como los que recogemos a continuación:

(1) Mientras tanto, doña Pola rompió a cantar el último rosario de la noche junto al coro de doñas cantaoras. Cantaron y cantaron a galillo tendido y terminaron el rosario poco antes del amanecer (Carmona Torres, Luis A. (2003): *De Asturias a la Juncia, San Juan de Puerto Rico*: Comité de Amigos del Autor Puertorriqueño, en *CORPES XXI*).

(2) -¡Ja! ¿Me pides revancha? Cristina se echó a reír y rompió a pedalear. Salió del paseo y enfiló hacia el estrecho arcén de la carretera que llevaba al cruce de la colina (Cotrina, José Antonio (2006): *La casa de la colina negra*, Madrid: Alfaguara, en *CORPES XXI*).

(3) Rompió a hablar para decirle que el que habían metido en la furgoneta era un Internacional, de los que se habían quedado negándose a marchar, pero su valentía no le salvó de un balazo, en los altos del Hipódromo (Zúñiga, Juan Eduardo (2004): "Ruinas, el trayecto: Guerda Taro", en *Capital de la gloria*, Madrid: Alfaguara, en *CORPES XXI*).

Parece claro que en estos tres ejemplos el evento no se lleva a cabo sin el control del sujeto: en el primer caso, es difícil pensar en que alguien empiece a cantar el último rosario de la noche de manera incontrolada, así como en el segundo que alguien empiece a pedalear o en el tercero a hablar para comunicar un asunto concreto como es decirle a alguien "que el que habían metido en la furgoneta era un Internacional". Por tanto, defendemos, en ello junto a la mayoría de los autores, que la perífrasis implica un inicio brusco del evento, si bien sostenemos que puede tener tanto un sujeto controlador del evento como uno no controlador, además de que no siempre los verbos que funcionan como auxiliados de la perífrasis indican sonidos emitidos por los seres humanos, como sucede en el caso del auxiliar *hervir*, presente en 127 ocasiones.

Gómez Torrego (1999: 3375) considera <*romper a* + infinitivo> como perífrasis verbal y se refiere también al escaso número de auxiliados con los que puede aparecer, siempre intransitivos desde el punto de vista sintáctico, "aunque, por el valor metafórico del auxiliar, puede emplearse con infinitivos que son incompatibles con <*echar(se) a* + infinitivo>: *Rompió a {cantar/gritar/andar…}*". Lo cierto es que sea por este o por otro motivo, el número de auxiliados transitivos es elevado, como podremos comprobar más abajo en el análisis de los verbos a partir de los ejemplos de *CORPES XXI,* donde figuran, entre otros, *cocer, comer, comentar, decir, escribir* o *leer*, además de los que incluye Gómez Torrego en el citado ejemplo. No estamos de acuerdo en que la intransitividad del auxiliado sea una restricción sintáctica de esta perífrasis, puesto que buena parte de los ejemplos analizados tienen un auxiliado intransitivo, como *correr, llorar, reír* o *sollozar*. Sí comprobaremos, sin embargo, que existen restricciones desde el punto de vista del aspecto léxico o modo de acción.

Para Gómez Torrego (1999: 3375) la particularidad semántica de esta perífrasis reside en que "nos sugiere en el actor la imagen de contención previa de la acción que en un momento determinado comienza. Se trata, pues, de una perífrasis fuertemente expresiva en la descripción". Se refiere, además, a otras perífrasis incoativas con un carácter expresivo similar, entre las que figura <*arrancar a* + infinitivo>, así como <*soltarse a* + infinitivo>, <*explotar a* + infinitivo> o <*aventar a* + infinitivo>, frecuente en México.

Fernández de Castro (1999: 234–236) se refiere también a la idea de fuerza que implican <*romper a* + infinitivo> o <*arrancar a* + infinitivo>, frente a la indicación de inicio del evento más "neutra" (usando el término que él mismo propone) de otras perífrasis incoativas como <*empezar a* + infinitivo> o <*comenzar a* + infinitivo>.

<*Romper a* + infinitivo> también figura como perífrasis verbal en la *NGLE* (2009: 28.10x), donde se afirma que su uso es más general que el de otras perífrasis incoativas como <*abrir a* + infinitivo>, frecuente en el área del Caribe, <*abrirse a* + infinitivo>, en Chile y en el Río de la Plata, <*decir a* + infinitivo>, característica del español popular de las Antillas, Centroamérica y el Caribe continental, o <*pegar(se) a* + infinitivo>, propia del español antillano y de las islas Canarias. Respecto a <*arrancar a* + infinitivo>, afirma que resulta gramatical con verbos de fenómenos meteorológicos, como *llover*, pero que es más frecuente con los de lengua, como *contar, decir* o *hablar*, así como con los de movimiento (*correr* o *caminar*).

En el marco teórico de la gramática cognitiva, Aparicio, Coll-Florit y Castellón (2014) analizan algunas de las perífrasis verbales incoativas más utilizadas, como <*empezar a* + infinitivo>, <*comenzar a* + infinitivo>, <*ponerse a* + infinitivo>, <*echar(se) a* + infinitivo> o <*romper a* + infinitivo>. Establecen distinciones entre las construcciones según su "energía", que tiene que ver con la mayor expresividad del inicio del evento, de modo que <*empezar a* + infinitivo> y <*comenzar a* + infinitivo> tendrían una energía más baja que <*romper a* + infinitivo>, por ejemplo, lo que se explica por la mayor expresividad de esta perífrasis con relación a las anteriores. A mayor energía, mayores restricciones desde el punto de vista del aspecto léxico o modo de acción, lo que también analizan en su trabajo. Así pues, de acuerdo con Aparicio, Coll-Florit y Castellón (2014: 81), las perífrasis <*arrancar a* + infinitivo> y <*romper a* + infinitivo> serían de "energía máxima".[22]

Observamos que todos estos estudiosos hacen referencia al inicio brusco de ambas perífrasis o de <*romper a* + infinitivo> en el caso de que no analicen las dos.

## 4. Algunas pruebas sintácticas que muestran las diferencias y similitudes entre las perífrasis

Para demostrar las diferencias y similitudes existentes entre las cuatro construcciones que son objeto de estudio en nuestro trabajo, utilizaremos algunos de los criterios que han sido usados ya en otras obras para demostrar si una construcción es perifrástica o no o si, siéndolo, está más o menos gramaticalizada (véanse al respecto Gómez Torrego, 1999 y García Fernández, dir., 2006).

### *4.1. El ascenso de clíticos*

Las perífrasis verbales admiten el ascenso de clíticos, esto es, resultan gramaticales formaciones como *debes decírselo cuanto antes* y también

22 También en el marco de la gramática cognitiva, estudia Fogsgaard (2001) las perífrasis incoativas; considera que "El esquema conceptual de la incoación adhiere al esquema topológico de un proceso directivo. La estructura típica de un complemento directivo se introduce justamente con la preposición *a*, generalizada en las perífrasis incoativas."

*se lo debes decir cuanto antes*, la segunda de las cuales presenta los dos pronombres clíticos en posición antepuesta al auxiliar.[23] Se trata, no obstante, de una prueba que no resulta concluyente, puesto que manifiestan este mismo comportamiento otras construcciones no perifrásticas:

(4) Queríamos contárselo desde hacía días, pero no encontrábamos el momento.

(5) Se lo queríamos contar desde hacía días, pero no encontrábamos el momento.[24]

Si aplicamos esta prueba a las construcciones que analizamos, comprobamos que no todas manifiestan un comportamiento similar; presentamos los ejemplos con <*empezar a* + infinitivo> y <*comenzar a* + infinitivo>, donde es gramatical el ascenso de los clíticos (remitimos al lector al análisis de estas perífrasis y de <*arrancar a* + infinitivo> y <*romper a* + infinitivo> elaborado por Carrasco Gutiérrez, 2006a, b, c, d y e):

(6) a. Empecé a decírtelo por teléfono, y te lo repetí cien veces, o más, la noche que pasamos en el hostal de Cuenca (Molina Foix, Vicente: *El abrecartas*. Barcelona: Anagrama, 2006, en *CORPES XXI*).
b. Te lo empecé a decir por teléfono, y te lo repetí cien veces, [...]

(7) a. Y comencé a contarle todo sin callarme nada (Reverte, Javier: *Barrio Cero*. Barcelona: Planeta, 2010, en *CORPES XXI*).
b. Y le comencé a contar todo sin callarme nada.

Estos ejemplos contrastan con los que presentamos a continuación con <*arrancar a* + infinitivo> y <*romper a* + infinitivo>, que no hacen posible la subida de clíticos (Carrasco Gutiérrez, 2006a y 2006d), como reflejamos en las siguientes oraciones:

(8) a. Arrancó a cantarla [la canción] en cuanto sonó la música.
b. ??La arrancó a cantar en cuanto sonó la música.

(9) a. Rompió a cantarla con emoción.
b. ??La rompió a cantar con emoción.

23 Véase también Lehmann (1985), Myhill (1988) y Torres Cacoullos (1999) sobre los criterios para evaluar el grado de gramaticalización de las perífrasis verbales.

24 Ya en Lenz (1944 [1920]: 384) encontramos el criterio del ascenso de clíticos para caracterizar las perífrasis verbales, como estudiamos en Martínez-Atienza (2016: 163).

### *4.2. La formación de pasivas perifrásticas y de pasivas con* se

Algo similar sucede con una segunda prueba sintáctica utilizada para determinar el grado de perifrasticidad de estas construcciones, que es la posibilidad de formar la pasiva perifrástica y la pasiva con *se*: es gramatical con las dos primeras perífrasis, pero no con <*arrancar a* + infinitivo> ni <*romper a* + infinitivo> (Carrasco Gutiérrez, 2006a y 2006d), como reflejamos a partir de los siguientes ejemplos que hemos obtenido del corpus:

(10) a. Aunque los partidos amistosos empezaron a ser seleccionados con mayor precisión y rigor, era preciso ir más lejos (Bahamonde Magro, Ángel: *El Real Madrid en la historia de España*. Madrid: Taurus, 2002, en *CORPES XXI*).
b. Aunque los partidos amistosos empezaron a seleccionarse con mayor precisión y rigor, [...]

(11) una cosa es haber vivido la adolescencia cuando Lima comenzaba a ser rodeada por los migrantes andinos (Venturo Schultz, Sandro: *Contrajuventud: ensayos sobre juventud y participación política*. Lima: IEP Ediciones, 2001, en *CORPES XXI*).
b. una cosa es haber vivido la adolescencia cuando Lima comenzaba a rodearse por los migrantes andinos.

Estos cuatro ejemplos contrastan, pues, con los siguientes, donde, como se puede comprobar, hemos intentado formar la pasiva perifrástica y la pasiva con *se* a partir de enunciados tomados para cada una de las perífrasis:

(12) Pienso por un momento cómo se lo explico y me arranco a contar algo que me duele mucho porque lo siento como otra traición (Arráiz Lucca, Elisa: *Las siluetas del fuego*. Barcelona: Alrevés, 2011, en *CORPES XXI*).

(13) *[...] algo que me duele mucho arranca a ser contado.

(14) *[...] algo que me duele mucho arranca a contarse.

(15) pero acto seguido Olalla Guzmán tomó el relevo, abrió su cuaderno y rompió a leer un interminable romance de rimas esdrújulas (González Moreno, Pedro A.: *Los puentes rotos*. Madrid: Calambur, 2007, en *CORPES XXI*).

(16) *[...] y un interminable romance de rimas esdrújulas rompió a ser leído.

(17) *[...] y un interminable romance de rimas esdrújulas rompió a leerse.

Comprobamos hasta aquí que el criterio de la subida de clíticos y el de la transformación en pasiva perifrástica y pasiva con *se* lo cumplen las perífrasis <*empezar a* + infinitivo> y <*comenzar a* + infinitivo>, pero no <*arrancar a* + infinitivo> ni <*romper a* + infinitivo>, lo cual podría ser una muestra del grado de gramaticalización mayor de las dos primeras respecto a las dos segundas.[25] Estos datos se unen a la disponibilidad léxica en el uso de verbos auxiliados con unas y otras perífrasis: en efecto, como vamos a demostrar, <*arrancar a* + infinitivo> y <*romper a* + infinitivo> presentan un mayor número de restricciones en cuanto a los verbos auxiliados que pueden aparecer, así como respecto a los tiempos verbales en los que con mayor frecuencia se conjuga el auxiliar, lo cual, nuevamente, las distingue de <*empezar a* + infinitivo> y <*comenzar a* + infinitivo>.

### *4.3. La selección semántica y la combinación con verbos meteorológicos*

En tercer lugar, es posible la combinación con verbos meteorológicos y existenciales con las cuatro perífrasis, puesto que tanto el auxiliar como el auxiliado constituyen un único núcleo verbal y la selección semántica del sujeto, si lo hay, depende del auxiliado;[26] no existe, pues, correferencia entre los sujetos, puesto que el auxiliar no lo selecciona, sino el auxiliado; del primero, por tanto, no depende la referencia del sujeto. Obsérvese, en efecto, el contraste entre el ejemplo (18) y el de (19), donde no hay perífrasis:

(18) Arrancó a llover por la ciudad platense y pensamos que tener una buena bombilla para un rico mate es ideal ¿no? (Facebook: Disponible el 12/01/20).

(19) *Vino a llover durante un buen rato.

---

25 Ya García Fernández (2006: 16) advierte de que este criterio, como el del ascenso de clíticos, no es determinante a la hora de considerar o no una construcción como perifrástica. En efecto, en el caso que nos ocupa, <*arrancar a* + infinitivo> y <*romper a* + infinitivo>, a pesar de no cumplirlos, son perífrasis.

26 Son muchos los trabajos en los que se defiende, desde hace décadas, que la selección argumental en las perífrasis verbales depende del verbo auxiliado; entre otros, siguiendo un orden cronológico: Fontanella de Weinberg (1970), Yllera (1980), Gómez Torrego (1988) y (1999), Yllera (1999), Fernández de Castro (1999), Fogsgaard (2002), García Fernández (dir.) (2006), Olbertz (2016) o García Fernández y Krivochen (2019).

En este trabajo analizamos <*arrancar a* + infinitivo>, pero Carrasco Gutiérrez (2006b: 93), quien también ha estudiado <*arrancarse a* + infinitivo>, defiende una diferencia entre las dos perífrasis que consiste en que la variante pronominal añade un significado de intencionalidad. Esto explica que solo con <*arrancar a* + infinitivo> sea posible la combinación con verbos meteorológicos y existenciales. En efecto, el ejemplo de (18) contrasta con el siguiente:

(20) *Se arrancó a llover por la ciudad platense.

Comprobemos que la combinación con verbos meteorológicos es también posible con las otras tres perífrasis verbales, como mostramos con los siguientes ejemplos de corpus:

(21) En el minuto 62 empezó a nevar y se complicó todo, pero el recién entrado Carletes, en el primer balón que tocaba tras saltar al campo [...] ("Triunfo momentáneo", *Diario de Burgos*, 15/12/2008, en *CORPES XXI*).

(22) Se detuvo a comer algo y comenzó a llover. Pidió una cerveza y se dedicó a esperar (Antonio José Ponte: *Contrabando de sombras*, Barcelona: Mondadori, 2002, en *CORPES XXI*).

(23) Y en ese preciso instante, ni un segundo antes ni un segundo después rompió a llover, una tormenta que descargó toneladas de agua (Andrés Trapiello: *Miseria y compañía*, Valencia: Pre-Textos, 2013, en *CORPES XXI*).

### *4.4. La elisión del verbo auxiliado*

Una de las pruebas sintácticas que suele utilizarse para demostrar el grado de consolidación entre el auxiliar y el auxiliado en la perífrasis verbal consiste en la imposibilidad de suprimir el verbo auxiliado. Es la prueba que Garachana Camarero (2017: 44) denomina "anáfora de complemento nulo" (véase también Fernández Martín, 2019 sobre la aplicación de este criterio). En efecto, esperamos que, al constituir un único núcleo verbal, no sea posible elidir ningún elemento. Si observamos el comportamiento con las perífrasis objeto de nuestro estudio, comprobamos que no todas funcionan del mismo modo: la elisión no es posible con <*arrancar a* + infinitivo> ni con <*romper a* + infinitivo>, pero sí con <*comenzar a* + infinitivo> y con <*empezar a* + infinitivo>. Observemos los siguientes ejemplos con las dos últimas perífrasis, en las que la elisión es posible (véase al respecto Carrasco Gutiérrez, 2006b y 2006c):

(24) – Creo que han comenzado a debatir en el programa.
– Sin duda, ya han comenzado.

(25) - ¿Ya habéis empezado a redactar el artículo?
- No, aún no hemos empezado.

Sin embargo, tal elisión no es posible con <*arrancar a* + infinitivo> ni con <*romper a* + infinitivo>, donde al aplicar la prueba los resultados son agramaticales:

(26) - ¿Ya arrancaron a correr?
- *Sí, ya arrancaron.[27]

(27) – Creo que al conocer la noticia, rompió a llorar.
– *Sí, rompió.

Defendemos que la diferencia en este criterio entre las cuatro perífrasis verbales reside en que <*arrancar a* + infinitivo> y <*romper a* + infinitivo>, si bien son perífrasis, manifiestan un comportamiento más cercano a la lexicalización, donde el verbo auxiliar no mantiene el significado original de *arrancar* o *romper* algo. Frente a ello, en las perífrasis verbales <*empezar a* + infinitivo> y <*comenzar a* + infinitivo>, más gramaticalizadas, los auxiliares *empezar* y *comenzar* conservan su significado original, de ahí que puedan aparecer sin el verbo auxiliado.

Comprobamos, pues, que existen diferencias entre las cuatro perífrasis en lo que respecta a la aplicación de los criterios, puesto que solo es posible el ascenso de los clíticos con <*comenzar a* + infinitivo> y con <*empezar a* + infinitivo>, pero no con <*arrancar a* + infinitivo> ni con <*romper a* + infinitivo>. Este mismo contraste lo comprobamos

27 Discrepamos al respecto de Carrasco Gutiérrez (2006a: 93), quien sostiene que la elisión del verbo auxiliado es posible con la perífrasis <*arrancar a* + infinitivo>; dudamos de la gramaticalidad de la intervención del segundo interlocutor en el ejemplo que propone:

- ¿Se ha arrancado Juan a escribir?
- Sí, ya se ha arrancado.

con el criterio de la formación de la pasiva perifrástica y de la pasiva con *se:* <*arrancar a* + infinitivo> y <*romper a* + infinitivo> manifiestan un grado de lexicalización superior al de las otras dos perífrasis, lo que explica el contraste. Una diferencia similar entre las cuatro construcciones la comprobamos al aplicar el criterio de la elisión del verbo auxiliado; explicábamos este último por las diferencias semánticas entre unos y otros verbos cuando funcionan como auxiliares. Por último, las cuatro perífrasis manifiestan un comportamiento similar respecto a la combinación con verbos meteorológicos, dado que constituyen un único núcleo verbal en el que la selección de los argumentos depende del verbo auxiliado.[28]

## 5. Restricciones tempo-aspectuales impuestas al verbo auxiliar

La perífrasis <*empezar a* + infinitivo> se conjuga en tiempos que expresan aspecto imperfectivo, perfecto y aoristo, y lo mismo sucede con la perífrasis <*comenzar a* + infinitivo> (Carrasco Gutiérrez, 2006c: 131).

---

28 Otro rasgo de carácter sintáctico que permite diferenciar las perífrasis <*comenzar a* + infinitivo> y <*empezar a* + infinitivo> de <*arrancar a* + infinitivo> y <*romper a* + infinitivo> es el relativo a la negación del verbo auxiliado, que solo es posible con las dos primeras perífrasis. En efecto, enunciados como los dos siguientes, que tomamos de *CORPES XXI*, son gramaticales (véase al respecto Carrasco Gutiérrez 2006c: 132 y 133):

(i) Entonces, todo el esfuerzo para comunicarse a través de los medios tradicionales por alguna razón empezó a no hacer efecto sobre ese posible consumidor (Darío Torres, Carlos: «Vender en la era digital». Ultimahora.com. Vida. Asunción: ultimahora.com, 2016-11-08, en *CORPES XXI*).

(ii) Luego comenzó a no lavar su ropa. Acumulaba la que estaba sucia en una silla (Serrano, Marcela: *Diez mujeres*. Madrid: Alfaguara, 2011, en *CORPES XXI*). Comprobamos que, sin embargo, con las otras dos perífrasis la negación del auxiliado da lugar a resultados agramaticales:

(iii) *Arrancó a no correr.

(iv) *Rompió a no llorar.

Ninguna de las dos presenta, pues, restricciones respecto al tiempo verbal en el que puede aparecer conjugado el auxiliar; en efecto, son posibles tiempos simples y compuestos de indicativo y de subjuntivo, dependiendo de la variedad aspectual expresada en cada caso.[29]

Si contrastamos esta situación con la que presentan las perífrasis <*arrancar a* + infinitivo> y <*romper a* + infinitivo>, comprobamos que es bien diversa, pues ambas manifiestan un claro predominio del pretérito perfecto simple o pretérito indefinido en el auxiliar, como hemos podido comprobar a partir de los ejemplos de *CORPES XXI.* En el caso de una y de otra perífrasis, lo hemos reflejado en sendos gráficos; comenzamos por <*arrancar a* + infinitivo>:

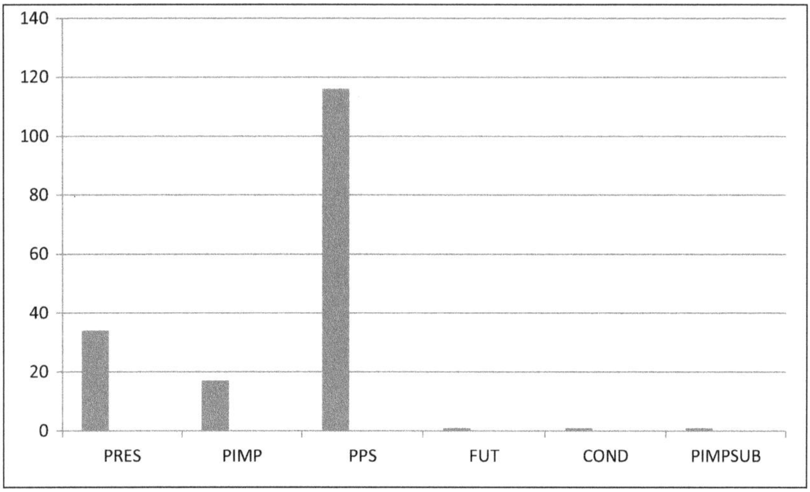


*Presencia de tiempos verbales del auxiliar* arrancar *en CORPES XXI*

El gráfico refleja claramente el predominio del PPS en *CORPES XXI* (116 ejemplos; 68,23%) frente al resto de formas. El PRES figura en 34 ejemplos (20%), el PIMP en 17 (10%), el FUT y el COND en un solo

29 Las restricciones de carácter temporal que presentan los auxiliares de las perífrasis verbales han constituido tradicionalmente un rasgo caracterizador de estas construcciones. Lo encontramos ya en gramáticos como Blanco y Sánchez (1929), RAE (1920 y 1931), Gili Gaya (1973 [1943]) o Sanz Lodre (1939), como ya estudiamos en Martínez-Atienza (2016).

ejemplo (0,58% cada uno). Recogemos a continuación estos dos casos por ser muy poco frecuentes con la perífrasis:

(28) Su equipo, Drean Bolívar, arrancará a jugar la final de la Liga y Marcelo, con los ecos de la fiesta todavía en la cabeza (Oviedo, Sergio; Bejuk, Eduardo: «MARCELO TINELLI. Así se prepara para recibir los 50». *Gente.* Buenos Aires: gente.com.ar, 2010-03-23, en *CORPES XXI*).

(29) Entonces cuando me dijeron que protagonizaría y que arrancarían a grabar me pregunté ¿por qué yo? (Rivera Esquilín, Eileen: «Pedro Telemaco. En la piel de Fray Martín de Porres». *Elnuevodía.com.* San Juan: elnuevodia.com, 2006-06-19, en *CORPES XXI*).

Respecto al PIMP, con frecuencia la interpretación que recibe en los ejemplos del corpus es habitual, de modo que no se hace referencia a un único evento, sino a una iteración, que constituye el hábito del sujeto, como ilustramos con el siguiente ejemplo:

(30) En cambio, Pablo era serio. Hablaba poco, salvo cuando se arrancaba a explicar algún detalle de la economía nacional, y siempre asumía un aire docto cuando hablaba (Guillermo Prieto, Alma: *La Habana en un espejo.* Barcelona: Mondadori, 2005, en *CORPES XXI*).

En cuanto al modo subjuntivo, solo figura un ejemplo en 3ª persona del singular del pretérito imperfecto (de nuevo, el 0,58%). Respecto a los tiempos compuestos, no aparece ningún caso ni de indicativo ni de subjuntivo; asimismo, tampoco figura ejemplo alguno del modo imperativo. Recogemos aquí el único enunciado en subjuntivo:

(31) se queda callado dándose cuenta de que de todas las alternativas barajadas desde que ella arrancara a hablar esa es precisamente la que más temía (Giralt Torrente, Marcos: *Los seres felices.* Barcelona: Editorial Anagrama, 2015, en *CORPES XXI*).

No obstante, sea una u otra la forma verbal utilizada, se focaliza el inicio del evento, como corresponde al significado de ambas perífrasis.

Como hemos hecho anteriormente, recogemos a continuación el gráfico en el que se refleja la frecuencia de tiempos verbales en que aparece conjugado el auxiliar de la perífrasis verbal <*romper a* + infinitivo>:

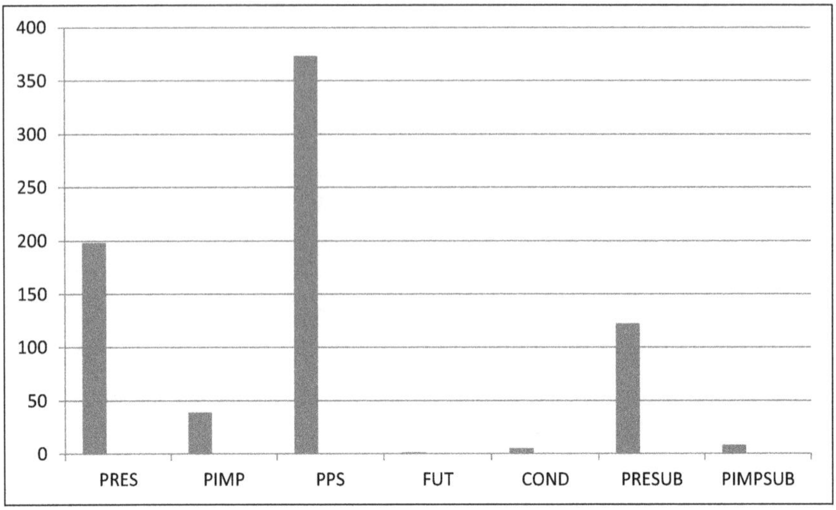


*Presencia de tiempos verbales del auxiliar* romper *en CORPES XXI*

En *CORPES XXI* figuran 746 ejemplos con la perífrasis <*romper a* + infinitivo>, de los cuales 373 corresponden al PPS, exactamente el 50%, por lo que es la forma verbal con mayor presencia. En segundo lugar, el PRES, que figura en 198 ejemplos, 26,54%. El PIMP está presente en el 5,22%, 39 ejemplos. El FUT y el COND solo figuran, respectivamente, en 1 y 5 casos. Como hicimos arriba con <*arrancar a* + infinitivo>, recogemos aquí el único ejemplo con el auxiliar en futuro:

(32) –Lo que dice ya es mucho y de muy buen augurio, y a lo mejor significa que romperá a hablar algún día. ¡Quién sabe! (Jiménez Lozano, José: *Agua de noria*. Barcelona: RBA, 2008, en *CORPES XXI*).

Respecto a las formas verbales del subjuntivo, solo figuran el PRES y el PIMP: el primer tiempo en 122 casos, por tanto, el 16,35%, y el segundo en 8, que corresponde al 1,07%. En definitiva, el tiempo que predomina en el uso de esta perífrasis verbal, como en <*arrancar a* + infinitivo>, es claramente el PPS, seguido del PRES de indicativo y de subjuntivo. Al igual que veíamos con <*arrancar a* + infinitivo>, no ha aparecido ningún ejemplo con el imperativo ni con las formas compuestas del modo indicativo ni del subjuntivo. Sí encontramos, no obstante, ejemplos con el auxiliar conjugado en pretérito perfecto compuesto en otros corpus, lo cual nos muestra que es un tiempo de escasa aparición, sin embargo, no podemos hablar de que exista restricción:

(33) Así sabremos dónde le ha vencido el miedo, o dónde ha visto el espíritu y ha arrancado a correr de vuelta al caserío (Javier Pellicer y Rubén Serrano (comp.) (2015): *Legendarium. La mejor recopilación de terroríficos cuentos basados en leyendas españolas*, Madrid: Ediciones Nowtilus).

(34) pero antes de que alcanzara a decir algo, Gala había arrancado a saltar las cercas de un campo cercano (José Sáez Valdés, Enira Araya Ibacache (2014): *Galatoconuga. Cuento infantil*).

(35) Marcelino ha roto a llorar al despedirse de los jugadores (Atresmedia en: https://mega.atresmedia.com/programas/el-chiringuito-de-jugones/kike-mateu_201909125d799da70cf230c4d87e8517.html)

(36) Ha roto a llover en esta casa. La mañana anunciaba nubes y, cuando bajé a la playa para respirar, el mar cobraba colores imposibles a la sombra de los nublos (http://trampasycarton.blogspot.com/2010/09/ha-roto-llover.html)

Observamos, por tanto, que con una y otra perífrasis verbal la variedad aspectual que con más frecuencia se expresa es la de aoristo ingresivo, de la que ya hablamos en el capítulo segundo, caracterizada por focalizar el inicio o ingreso en un evento. Esta subvariedad aspectual suele presentarse con predicados de actividad y de realización, y puede ser expresada tanto por los tiempos compuestos como por el pretérito perfecto simple o indefinido (García Fernández, 2000: 56 y 57). Es esperable que sea la subvariedad aspectual predominante, puesto que se trata de perífrasis verbales que focalizan, precisamente, el inicio del evento. Respecto a los tipos de predicados desde el punto de vista del aspecto léxico con los que se manifiesta, observaremos en los apartados que desarrollamos a continuación que ambos cumplen las restricciones que las perífrasis <*arrancar a* + infinitivo> y <*romper a* + infinitivo> imponen al verbo auxiliado, a saber: [+duratividad], [-estatividad] y [±telicidad].

Aunque con menor frecuencia respecto al pretérito perfecto simple o indefinido, también es posible la expresión de la subvariedad de aoristo ingresivo con los tiempos compuestos, que, sin embargo, no están presentes en *CORPES XXI*, pero sí en otros corpus, como hemos mostrado con los ejemplos recogidos arriba. A la luz de los datos, podemos afirmar que el auxiliar de estas perífrasis en pretérito perfecto simple o pretérito indefinido constituye la combinación más frecuente, algo esperable si tenemos en cuenta que la subvariedad de aoristo ingresivo es expresada fundamentalmente por este tiempo. No obstante, como ya hemos indicado, es posible focalizar el inicio del evento con otros tiempos de la conjugación, como lo muestran los ejemplos del corpus en PRES, PIMP y, en menor medida para <*arrancar a* + infinitivo>, en FUT, COND y PIMP de subjuntivo. En la perífrasis <*romper a* + infinitivo>, encontramos siete formas verbales y no seis, pues el PRES de subjuntivo aparece en 122 ocasiones en el corpus, con mayor presencia que el pretérito imperfecto. Estos ejemplos, no obstante, corresponden a un mismo verbo auxiliado y a un mismo tipo de construcción recurrente en *CORPES XXI*: el verbo es *hervir* y la construcción *Cuando rompa a hervir*, que figura en textos relativos a recetas de cocina.

# 6. Restricciones de aspecto léxico impuestas al verbo auxiliado

## *6.1. La restricción de [+duratividad]*

Las perífrasis verbales que estamos analizando focalizan el inicio del evento, como corresponde a su significado incoativo e ingresivo, pero imponen un requisito de duración. Se explica pues, de este modo, que sean agramaticales al combinarse con predicados puntuales, ya sean télicos o atélicos:

(37) *La niña rompió a caerse de la silla.

(38) *Rompí a llegar a casa.

(39) *Arrancó a saltar (una sola vez).

(40) *Arranqué a encontrar el problema.

Esta restricción la presentan también las perífrasis <*empezar a* + infinitivo> y <*comenzar a* + infinitivo>:

(41) *El bebé empezó a nacer a las 7.30.

(42) *Empecé a llegar tarde a la fiesta de Lucía.

(43) *Comenzó a nacer por la noche.

(44) *Comenzó a encontrar la llave al llegar a casa.

Sin embargo, con estas dos perífrasis, que presentan menores restricciones en cuanto al tipo de verbo desde el punto de vista del aspecto léxico que puede funcionar como auxiliado, podemos encontrar ejemplos con predicados de logro cuyo resultado es gramatical:

(45) Pedro empezó a llegar tarde al trabajo y después de dos semanas recibió una buena reprimenda de la jefa.

(46) A las nueve de la noche comenzó a llegar gente a la sala de conferencias y después de diez minutos se había llenado.

(47) Comenzaron a nacer bebés con malformaciones y comprobaron que un medicamento que habían tomado las madres había sido la causa.

Obsérvese que la gramaticalidad se explica porque en el primer caso se hace referencia a una repetición de eventos, a una costumbre adquirida por el sujeto de llegar tarde, por lo que se comporta como un predicado durativo. En (46) el sujeto es colectivo, de modo que se refiere a una sucesión de llegadas, y en (47) a una sucesión de nacimientos. En definitiva, tal y como aparecen en estos tres enunciados, se cumple la restricción de [+duratividad].

### *6.2. La restricción de [-estatividad]*

Los predicados estativos pueden funcionar como auxiliados de las perífrasis verbales <*empezar a* + infinitivo> y <*comenzar a* + infinitivo> (Carrasco Gutiérrez: 2006c: 132 y *NGLE*: §28.10m), pero no sucede lo mismo en el caso de las perífrasis <*arrancar a* + infinitivo> y <*romper a* + infinitivo>. Nuestra hipótesis en el caso de estas dos últimas es que el motivo reside en el posible sujeto. En efecto, con estas dos construcciones los más frecuentes son animados, si bien los inanimados no quedan excluidos, como podemos comprobar en los siguientes enunciados tomados de corpus:

(48) En la cocina, una perola de agua arrancaba a bullir en aquel momento y las burbujas violentas empezaban a estallar, [...] (CREA: Egido, L. (1995): *El corazón inmóvil*, Barcelona: Tusquets).

(49) Cuando arranca a hervir, se agregan los fideos y se cuecen hasta que la pasta esté en su punto. Se espolvorea entonces con queso rallado y se sirve (Elorriaga Berdegue, José Miguel: *La cocina de México: sopas y verduras*. Madrid: Dastin Export, 2003, en *CORPES XXI*).

Los ejemplos en *CORPES XXI* con el auxiliado *hervir* en la perífrasis <*romper a* + infinitivo> son muy numerosos, especialmente con el verbo auxiliar en presente de subjuntivo: *rompa a hervir*, si bien corresponden a un mismo contexto discursivo, pues los encontramos en libros sobre recetas de cocina. En particular, varios de ellos forman parte de las mismas obras: Sanjuán, Gloria: *Cocina española. 365 recetas magistrales,* Madrid: Libro Hobby Club, S.A., 2004 y, en menor medida, a Casado, Pilar (coor. ed.): *Colombia dulce. Los mejores postres nacionales e internacionales,* Bogotá D. C.: Intermedio Editores, 2002. Desde el punto de vista sintáctico, suelen figurar en contextos de subordinación temporal con *cuando*. En efecto, como ya hemos dicho, el auxiliado *hervir* aparece con la perífrasis <*romper a* + infinitivo> en 127 ejemplos. Recogemos a continuación dos de ellos:

(50) Cuando rompa a hervir, introducimos el pulpo ensartado con un tenedor grande, sacándolo y metiéndolo hasta 4 veces en el agua hirviendo, o hasta que encoja o se rice (Sanjuán, Gloria: *Cocina española. 365 recetas magistrales*. Madrid: Libro Hobby Club, S.A., 2004, en *CORPES XXI*).

(51) Ponga a cocinar la leche y cuando rompa a hervir, retírela del fuego y déjela reposar (Casado, Pilar (coor. ed.): *Colombia dulce. Los mejores postres nacionales e internacionales*. Bogotá D. C.: Intermedio Editores, 2002, en *CORPES XXI*).

Sin embargo, aparte de estos enunciados con el verbo *hervir*, la perífrasis suele presentar un sujeto animado y exige que sea controlador del evento. Por este motivo, tanto <*arrancar a* + infinitivo> como <*romper a* + infinitivo> resultan agramaticales al combinarse con predicados estativos cuyo sujeto no es animado ni controla el evento:

(52) *{Arrancó/rompió} a estar furioso.

(53) *{Arrancó/rompió} a quererla.

(54) *{Arrancamos/rompimos} a tener dinero y cambió nuestro estilo de vida.

(55) *{Arrancó/rompió} a ser más tolerante con los compañeros.

Esta restricción no es característica de todas las perífrasis incoativas, pues si contrastamos los ejemplos que acabamos de presentar con los de otras perífrasis verbales como <*empezar a* + infinitivo> o <*comenzar a* + infinitivo>, observamos que no imponen las mismas restricciones y que sí pueden combinarse con auxiliados estativos; el sujeto, en efecto, puede o no ser controlador del evento:

(56) A las nueve empezó a estar inquieto y marcó su número; el móvil de Juana sonó a pocos metros de donde él la llamaba (Molina Foix, Vicente: «El buda bajo el agua». *El hombre que vendió su propia cama.* Barcelona: Anagrama, 2011, en *CORPES XXI*).

(57) Le confesó entre dientes que empezaba a estar más que harto y quería largarse cuanto antes a su casa (Vallvey, Ángela: *Muerte entre poetas.* Barcelona: Planeta, 2008, en *CORPES XXI*).

(58) El país comenzó a estar presente en el mercado internacional con productos e instalaciones de alta tecnología, como reactores de investigación (Del Valle Marzorati, Zulema: *Plantear utopías: la conformación del campo científico-tecnológico nuclear en Argentina (1950–1955).* Buenos Aires: Fundación Centro de Integración, Comunicación, Cultura y Sociedad; CICCUS, 2012, en *CORPES XXI*).

(59) A pesar de sus intentos por calmarse, ahora sí comenzaba a estar nerviosa (Ruano, Carlos: «Caperucita Roja». *Cuéntame un cuento.* Barcelona: Editorial Planeta S. A., 2014, en *CORPES XXI*).

La diferencia entre unas y otras perífrasis defendemos que reside en que, si bien comparten el significado incoativo e ingresivo (dado que focalizan el inicio de un evento), sin embargo, las que tienen los auxiliares *arrancar* y *romper* expresan un inicio brusco que viene dado, precisamente, por el significado de estos verbos auxiliares, menos "neutros" en el establecimiento del comienzo respecto a *empezar* o *comenzar*. Este significado del auxiliar, junto al sujeto, que en la mayoría de los casos es controlador del evento, explica la agramaticalidad al combinarse con predicados estativos, que en su mayor parte carecen de dinamismo.

### *6.3. La combinación con predicados [± télicos]*

Como vamos a comprobar a partir de los ejemplos de corpus, las cuatro perífrasis que estamos analizando no presentan restricción en cuanto a la telicidad o atelicidad de los predicados que pueden funcionar como auxiliados; ya se combinen con unos u otros, lo que se focaliza es el inicio del propio evento, el cambio de estado que ello supone. Comenzamos con los ejemplos con <*romper a* + infinitivo> y <*arrancar a* + infinitivo>; indicamos junto al ejemplo el rasgo [±télico]:

(60) luego, mirándome con fiereza a través de las lágrimas, rompió a hablar a incontenibles borbotones (Gala, Antonio: "Una mujer cualquiera". *Los invitados al jardín*. Barcelona: Planeta, 2002, en *CORPES XXI*) [-télico]

(61) Mientras tanto, doña Pola rompió a cantar el último rosario de la noche junto al coro de doñas cantaoras (Carmona Torres, Luis A. (2003): *De Asturias a la Juncia*, San Juan de Puerto Rico: Comité de Amigos del Autor Puertorriqueño) [+télico]

(62) Hasta que un fuerte empujón lo derribó de la montura y la muchacha semidesnuda, con los zapatos y la ropa en la mano, arrancó a correr barranco arriba [...] (Prados Saldaña, Pedro Luis: "La visita". *El otro lado del sueño*. Panamá: Editorial Mariano Arosemena (INAC), 2003, en *CORPES XXI*) [-télico]

(63) Pienso por un momento cómo se lo explico y me arranco a contar algo que me duele mucho porque lo siento como otra traición (Arráiz Lucca, Elisa: *Las siluetas del fuego*. Barcelona: Alrevés, 2011, en *CORPES XXI*) [+télico]

Presentamos a continuación los ejemplos télicos y atélicos con <*empezar a* + infinitivo> y <*comenzar a* + infinitivo>:

(64) El pasado cósmico se le revolvió en la cabeza con el pasado terrestre y empezó a caminar sobre ambos futuros insensiblemente (Aridjis, Homero: *La zona del silencio. México* D. F.: Punto de Lectura, 2005, en *CORPES XXI*) [-télico]

(65) Y entonces yo miré de reojo al adolescente, lo miré con miedo, y vi que estaba sonriendo, y luego mi amigo empezó a contarme un cuento de Ramírez, un cuento sobre un niño que tenía muchos hermanos pequeños que cuidar, [...] (Bolaño, Roberto: "Dentista". *Putas asesinas*. Barcelona: Anagrama, 2001, en *CORPES XXI*) [+télico]

(66) Pronto el trabajo de las brigadas comenzó a relacionarse con la política cultural del gobierno de la Unidad Popular (Sandoval Espinoza, Alejandra: *Palabras escritas en un muro. El caso de la Brigada Chacón*. Santiago de Chile: Ediciones SUR, 2001, en *CORPES XXI*) [-télico]

(67) Aprovechando que Lucas iba al baño, Amparo tomó la novela y comenzó a leerla (Maronna, Jorge; Pescetti, Luis María: *Copyright: plagios literarios y poder político al desnudo*. Barcelona: Plaza & Janés, 2001, en *CORPES XXI*) [+télico]

Obsérvese que tanto con los predicados télicos como con los atélicos se focaliza el propio inicio del evento; en ninguno de los casos podemos concluir que se haya logrado el *telos* o meta. De este modo, cuando las cuatro perífrasis tienen un predicado auxiliado de carácter télico, la meta queda suspendida, lo cual conduce a que la interpretación sea muy similar a la de las actividades. Dado que todos los predicados deben cumplir el requisito de la duración, como hemos estudiado arriba, se trata de la interpretación de las realizaciones como actividades.

Sintetizamos en el siguiente cuadro el funcionamiento de las cuatro perífrasis ante los criterios que determinan el grado de perifrasticidad y las restricciones de carácter accional que imponen al verbo auxiliado:

| **Perífrasis verbal** | **Subida de clíticos** | **Pasiva perifrástica y pasiva con *se*** | **Combin. vbs. meteor.** | **Elisión auxiliado** | **Restricción [+duratividad]** | **Restricción [-estatividad]** | **Combinación con predicados [±télicos]** |
|---|---|---|---|---|---|---|---|
| <*Comenzar a* + infinitivo> | x | x | x | x | x | | x |
| <*Empezar a* + infinitivo> | x | x | x | x | x | | x |
| <*Arrancar a* + infinitivo> | | | x | | x | x | x |
| <*Romper a* + infinitivo> | | | x | | x | x | x |

# 7. Frecuencia de verbos que pueden funcionar como auxiliados en <*arrancar a* + infinitivo>

En este apartado y en el siguiente analizaremos las lexías verbales que pueden aparecer en la posición de auxiliado de las perífrasis verbales <*arrancar a* + infinitivo> y <*romper a* + infinitivo>. En aquellos casos en que nos encontramos el verbo auxiliado en un mayor número de ocasiones, hablaremos de combinaciones léxicas, término que ya hemos utilizado en el capítulo segundo. No hablamos, sin embargo, de combinaciones léxicas para <*empezar a* + infinitivo> y <*comenzar a* + infinitivo>, dado que se trata de perífrasis con un grado de gramaticalización más elevado, que imponen las restricciones accionales que hemos estudiado en los apartados precedentes, pero que no manifiestan una combinación claramente frecuente con unos determinados verbos. Por este motivo, analizaremos los auxiliados de <*arrancar a* + infinitivo> y de <*romper a* + infinitivo>.

En total en *CORPES XXI* han aparecido 170 ejemplos de la perífrasis <*arrancar a* + infinitivo>, tras la búsqueda con el auxiliar en formas verbales de indicativo, de subjuntivo (1) y de imperativo (0). Hay muchos menos casos respecto a la perífrasis <*romper a* + infinitivo>, que aparece 746 veces; sin embargo, el número de verbos que figura en el corpus con *arrancar* es superior. Esto nos lleva a concluir que las combinaciones léxicas con esta perífrasis aparecen en un número mucho más reducido de ocasiones, se reiteran menos que con <*romper a* + infinitivo>. Por otro lado, al igual que el sujeto de esta perífrasis, el de <*arrancar a* + infinitivo> generalmente es de persona, aunque encontramos un ejemplo con el verbo *ladrar*.

Recogemos en el siguiente gráfico los verbos, que figuran ordenados según la frecuencia de aparición:

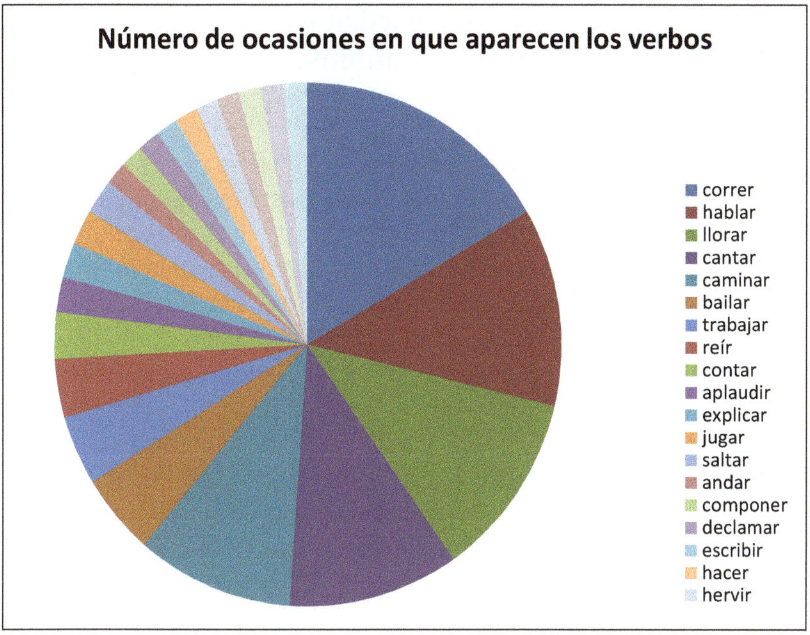


*Lexías verbales que aparecen en CORPES XXI como auxiliados de* <arrancar a + *infinitivo*>

Las combinaciones léxicas más frecuentes en el corpus son <*arrancar a correr*>, que aparece 23 veces, <*arrancar a hablar*>, 17 veces, <*arrancar a llorar*>, 16 veces, <*arrancar a cantar*>, 15 veces y <*arrancar a caminar*>, 14 veces. Desde luego, están muy lejos del número de ocasiones en que encontramos combinaciones como <*romper a llorar*> o <*romper a reír*>. Junto a los citados verbos y a los que aparecen en el gráfico, hay otros que solo aparecen en una ocasión y que por ello no hemos incluido, a saber: *avisar, beber, cabalgar, canturrear, contonearse, conversar, corear, cubrir, destacarse, dibujar, esconderse, exponer, fumar, galopar, girar, grabar, gritar, imitar, ladrar, monologar, navegar, nombrar, pontificar, practicar, reocupar, saludar, sermonear, toser, trotar, vocear* y *vociferar*.

# 8. Frecuencia de verbos que pueden funcionar como auxiliados en <*romper a* + infinitivo>

Con la perífrasis <*arrancar a* + infinitivo> el total de verbos que aparecen en *CORPES XXI* es 54 y los ejemplos (puesto que hay algunos que aparecen varias veces) suman 170. Sin embargo, en el caso de <*romper a* + infinitivo>, los verbos son solo 31, mientras que el número de ejemplos es muy superior al de la otra perífrasis: en total figuran en *CORPES XXI* 746 casos. Esto demuestra que la segunda perífrasis tiende a restringirse a un número más reducido de auxiliados, a "especializarse" en unas cuantas lexías.

Respecto a los verbos que pueden funcionar como auxiliados, observamos que en <*romper a* + infinitivo> tenemos 31, si bien la diferencia en la frecuencia de aparición de cada uno es muy relevante: podemos hablar de combinación léxica en algunas de ellas, como <*romper a llorar*>, que figura en 393 ocasiones, en más de la mitad de las apariciones del corpus (52,68%). Otra combinación léxica es <*romper a hervir*>, que encontramos en 127 ocasiones; como hemos dicho, prácticamente todos los enunciados que contienen este verbo pertenecen a libros de recetas, por tanto, un subgénero discursivo muy concreto, y suele aparecer en contextos de subordinación temporal: *cuando rompa a hervir*... La tercera combinación léxica más frecuente es <*romper a reír*>, que figura en 104 casos. Comprobamos que dos de los verbos más frecuentes indican manifestación de sentimientos: *llorar* y *reír*. La diferencia entre el número de apariciones de estos tres verbos y el resto hasta 31 es muy significativa, pues el cuarto que aparece más veces es *cantar,* 13 ocasiones, frente al tercero, *reír,* 104 veces. *Aplaudir* figura en 11 casos y el resto menos de 10 veces.

Hemos incluido en el siguiente gráfico los verbos presentes en el corpus al menos en dos ocasiones, distribuidos por colores en función de la frecuencia. Dejamos nuevamente fuera los que hemos encontrado exclusivamente en una ocasión, que son los siguientes: *cocear, comer, comentar, corcovear, decir, embestir, escribir, glosar, interpretar, leer, pedalear, tocar, trinar* y *volar*:

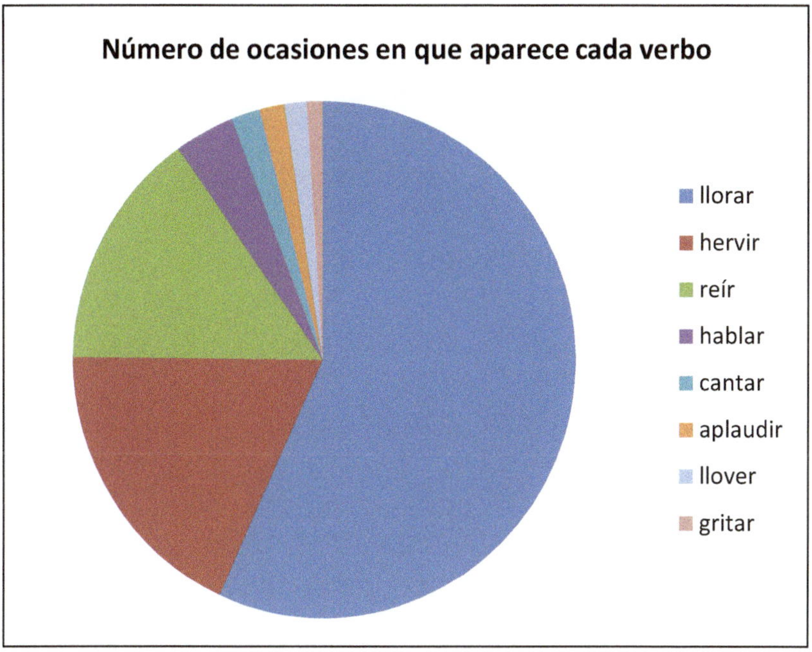


*Lexías verbales que aparecen en CORPES XXI como auxiliados de* <romper a + *infinitivo*>

# CAPÍTULO CUARTO

# LA FOCALIZACIÓN DE LA FASE FINAL DEL EVENTO: PERÍFRASIS VERBALES TERMINATIVAS

## 1. Introducción

En la primera parte de este cuarto capítulo de nuestro trabajo, analizaremos dos perífrasis verbales del español que presentan una lectura de acuerdo con la cual se focaliza la fase final del evento, la fase terminativa, a saber: <*acabar de* + infinitivo> y <*dejar de* + infinitivo>. Como veremos, las dos perífrasis manifiestan similitudes entre sí en cuanto a que ambas presentan ambigüedad entre dos posibles lecturas. El objetivo de este capítulo es estudiar cuáles son las dos interpretaciones y los criterios que las determinan. Por otro lado, analizaremos las formas verbales en las que puede aparecer el verbo auxiliar y si hay algunas ligadas a una u otra interpretación. Por último, estudiaremos la combinación con la negación y comprobaremos que, nuevamente, se manifiesta ambigüedad entre dos interpretaciones posibles; en la mayoría de las ocasiones, el aspecto léxico es determinante para establecer cuál de las dos está presente en cada caso.

En la segunda parte de este capítulo estudiaremos otras perífrasis verbales cuyo auxiliar es *acabar* o *terminar*, de modo que coincide con el de otras construcciones analizadas en la primera parte. Estableceremos las relaciones y las diferencias entre las estudiadas previamente y estas cuatro nuevas perífrasis, a saber: <*acabar/terminar* + gerundio> y <*acabar/terminar por* + infinitivo>. Como veremos, las primeras son aspectuales y las segundas tienen una clara función discursiva, si bien unas y otras poseen en común la idea de finalización.

## 2. La ambigüedad de las perífrasis verbales <*acabar de* + infinitivo> y <*dejar de* + infinitivo>

Tanto <*acabar de* + infinitivo> como <*dejar de* + infinitivo> presentan ambigüedad, de modo que con la misma forma tenemos dos perífrasis verbales en cada caso. Como vamos a estudiar, solo en uno de los valores funcionan como perífrasis de fase, concretamente focalizan la fase final del evento.

Respecto al origen, afirma Yllera (1980: 196) de <*acabar de* + infinitivo> que ya aparecía en el siglo XIII y en un caso incluso figura sin preposición. Recoge, entre otros, los siguientes ejemplos:

(1) el día que se acabaron de fazer las onras del duque de Arjona.

(2) que todos cobdiçiavan acabar vençer et ganar prez pora siempre.

Afirma también que cuando aparece negada, indica persistencia en la acción, pero sin la intensidad habitual en las perífrasis terminativas.

Por lo que respecta a <*dexar de* + infinitivo>, indica la citada estudiosa que es la que presenta un uso más frecuente entre las perífrasis terminativas; se documenta ya en el siglo XIII y es habitual encontrarla en las crónicas de distintos períodos. Incluye, entre otros, los ejemplos siguientes (pp. 194–195):

(3) Mas agora vos dexamos de contar de Mitridates et tornaremos a contar de cuemo Ponpeyo se fue pora las Espanna.

(4) E nunca pude yo fallar muger…; e sy por ventura demanda, e lo demandado non (le) es otorgado e dado, que non se dexe de amar luego a quien lo deseado demandó, e non le diere.

Por último, destaca Yllera que en el siglo XV es muy frecuente encontrar la forma *dexarse de*.

Pasando al estudio en sincronía, en cuanto a <*acabar de* + infinitivo>,[30] puede funcionar como perífrasis de eventualidad reciente o bien como perífrasis terminativa [TER], y solo en este segundo caso es una perífrasis verbal de fase.[31] Con relación al primer valor, ha recibido varias denominaciones, como *perífrasis resultativa* en Carrasco Gutiérrez (2006e) y *perífrasis de pasado reciente* en Havu (2011). Nosotros consideramos más adecuado el término *perífrasis de eventualidad reciente* (EREC) porque, con este valor, no expresa en todos los enunciados tiempo pasado con relación al momento de la enunciación o momento del habla, sino que puede referirse a un evento que ha tenido lugar de forma reciente, pero anterior a un momento futuro y, por tanto, adquiere un sentido relativo o anafórico y no absoluto o deíctico, dado que no se orienta directamente con relación al momento de la enunciación. Ilustramos con los siguientes ejemplos cada uno de los valores de la perífrasis:

(5) Juan De La Cruz me acaba de decir que cuando nació su tercer hijo, Juan De La Miel, estaba lloviendo serenamente, con la emotividad de un invierno suave (Espinosa, Fernán: *Mi vida por un libro*. Colombia: Editorial Impresos Josmar, 2001, en *CORPES XXI*) [EREC].

(6) Acaricié la libreta, pero no la abrí. Acabé de beberme el gin-tonic y, mientras me levantaba para irme, vi cruzar un Talgo (Cercas, Javier: *Soldados de Salamina*. Barcelona: Tusquets, 2002, en *CORPES XXI*) [TER].

Obsérvese que, en el primer caso, el sujeto Juan De La Cruz ha comunicado un determinado hecho recientemente con respecto al momento de la enunciación, mientras que, en el segundo ejemplo, que corresponde al valor terminativo de la perífrasis verbal, se focaliza la fase final del evento expresado por *beberse el gin-tonic*.

30 En Martínez-Atienza (2017a) analizamos la gramatización de esta perífrasis en un corpus de diccionarios tanto monolingües como bilingües italiano-español y contrastamos los dos valores que presenta con las dos construcciones equivalentes en italiano. Asimismo, en Martínez-Atienza (2017b), analizamos la combinación de los dos valores con otras perífrasis aspectuales y modales, también en una perspectiva contrastiva español-italiano.

31 No obstante, para el valor de eventualidad reciente, Veyrat-Rigat (1994) habla de perífrasis *de fase egresiva*.

Carrasco Gutiérrez (2006e: 65) la considera perífrasis aspectual resultativa, como ya hemos afirmado arriba, porque "focaliza el estado de cosas que sigue y es consecuencia o resultado del evento denotado por la forma verbal de infinitivo." Nosotros defendemos, sin embargo, que se focaliza un determinado evento acaecido recientemente y no un estado de cosas, lo que explica que el verbo auxiliado pueda tener aspecto léxico télico o atélico. También Olbertz (1998: 363) considera resultativa esta perífrasis verbal y hace referencia a la expresión "*hot news*" de la que ya hablaba McCawley (1971: 96–113);[32] no obstante, admite que es frecuente encontrar ejemplos en los que <*acabar de* + infinitivo> se combina con complementos de pasado, como en el siguiente enunciado que ella recoge: *Es el libro que acaba de publicarse el año pasado.* Havu (2011: 168–169) también se refiere a la posibilidad de la perífrasis de combinarse con complementos temporales de localización, lo que no podría ser si funcionara exclusivamente como perífrasis resultativa.

Bres y Labeau (2015) hacen referencia a la denominación de la perífrasis como de *pasado reciente*, que, según recogen, fue propuesta por Gougenheim (1971 [1929]) y que posteriormente retomaron otros autores como Vetters (2002), Havu (2005) y De Mulder (2010). Discrepan de esta denominación y consideran más adecuada la de *anterioridad inmediata*, dado que la perífrasis no expresa en todos los casos un evento que se orienta directamente con respecto al momento de la enunciación, sino que puede orientarse respecto a un momento distinto, de modo que puede ser, como hemos afirmado arriba, deíctica o absoluta y anafórica o relativa.

Gómez Torrego (1999: §51.3.2.10) distingue entre un valor temporal de <*acabar de* + infinitivo>, el de *anterioridad reciente*, y un valor *aspectual perfectivo*, cuando equivale a <*terminar de* + infinitivo>. Considera que en ambos casos se trata de una perífrasis verbal, si

32 Se refiere con ello a uno de los valores del *present perfect* del inglés, forma equivalente al pretérito perfecto compuesto. Con el término *hot news* denomina el uso en el que se focaliza un evento acaecido recientemente, como en el ejemplo *Bill has just been arrested.* Por este motivo, Olbertz (1998) lo relaciona con el valor de eventualidad reciente de <*acabar de* + infinitivo>. En efecto, el ejemplo del inglés que acabamos de recoger podría ser traducido por *Bill acaba de ser detenido.*

bien con el segundo valor lo sería "en menor grado", de ahí que algunos estudiosos lleguen a no considerarla perífrasis en estas ocasiones.

Fernández de Castro (1999: 267–270) se refiere exclusivamente al valor de eventualidad reciente de la perífrasis y habla de *gradación perfectiva inmediata* o *fase egresiva,* de acuerdo con Coseriu (1976). Con este valor la perífrasis implica anterioridad, por una parte, y máxima proximidad del evento respecto al punto de referencia, por otra.

La *NGLE* (2009: 2163–2165) se refiere también a los dos usos de <*acabar de* + infinitivo>: el de *perífrasis de fase,* de interpretación aspectual, y el de *perífrasis de anterioridad reciente*, y distingue también, como hemos visto en Gómez Torrego (1999), entre la interpretación aspectual y la temporal, respectivamente para cada una. Con relación al primer sentido, explica:

> Así pues, usada como perífrasis de fase, <*acabar de* + infinitivo> expresa el proceso de llevar a término una acción (*Acabó de escribir su novela*). Esta noción es aspectual, en el sentido de que focaliza el estadio final de un evento (p. 2163).

Con esta interpretación, la perífrasis equivale a otra perífrasis también de fase: <*terminar de* + infinitivo>.

Como perífrasis de anterioridad reciente o anterioridad inmediata, término que también encontramos en la obra, explica la *NGLE* que la construcción indica que el período temporal transcurrido desde la finalización de un determinado evento es breve, de ahí que proponga como paráfrasis aproximada para una oración como "Acabamos de llegar", "hemos llegado hace poco" o, puntualiza, "llegamos hace poco", dependiendo de la existencia o ausencia de oposición entre el pretérito perfecto simple y el pretérito perfecto compuesto en las distintas variedades del español. Fente, Fernández y Feijóo (1979 [1972]: 25) ya hablaron de la equivalencia entre esta perífrasis y construcciones adverbiales de tiempo como *hace un momento, unos instantes, unos días.*

García González (1992: 77) sostiene que cuando <*acabar de* + infinitivo> es equivalente de <*terminar de* + infinitivo>, es decir, cuando funciona como de fase o terminativa, no constituye una perífrasis verbal. Sí lo es, sin embargo, "cuando expresa acción terminada en un pasado muy inmediato", es decir, como perífrasis de eventualidad reciente de acuerdo con la terminología que defendemos. Se refiere también a las restricciones temporales que presenta con este segundo valor, tema que vamos a analizar en el siguiente apartado, y afirma que el verbo auxiliar aparece en presente y en pretérito imperfecto de indicativo.

Por su parte, Havu (2011: 163–168) considera que puede haber casos de ambigüedad entre el valor de eventualidad reciente y el valor terminativo de la perífrasis, concretamente en ejemplos cuyos auxiliares suelen aparecer en presente de subjuntivo o en otras formas de aspecto imperfectivo, e interpretarse con una orientación temporal hacia el pasado (valor de eventualidad reciente) o hacia el futuro (valor terminativo). No estamos de acuerdo en que exista tal ambigüedad, ya que el contexto es determinante en esos casos para indicar si la perífrasis manifiesta uno u otro valor.[33]

Por otro lado, afirma Burgos (2003) que en Argentina conviven construcciones como *Acaban de darnos la noticia* y *Recién nos dieron la noticia*, que, según afirma, presentan similares rasgos de tiempo, aspecto gramatical y aspecto léxico, si bien existe entre ambas una diferencia de registro, dado que la segunda es característica del coloquial y la primera tanto del coloquial como del formal. Además, en el Río de la Plata y en otras áreas de Hispanoamérica, encontramos la perífrasis combinada con el adverbio *recién* tanto con el valor de eventualidad reciente (7), como con el valor terminativo (8):

(7) Recién acabo de terminar un agua de tilo que me preparó para calmarme los nervios (Garay, Juan Carlos: *La nostalgia del melómano*. Bogotá: Alfaguara, 2005, en *CORPES XXI*).

(8) "Aquí hay muchas familias de brazos cruzados, que no tienen cómo ir a traer madera", dice Dennis, que recién acabó de construir nuevamente el rancho en el que vive con su mamá, esposa e hijos (Morales, Amalia: «El Félix doblegó al bosque y a Tasba Pri». La Prensa.com.ni. Managua: laprensa.com.ni, 2008-09-03, en *CORPES XXI*).

33 Encontramos algunos ejemplos en los que <*terminar de* + infinitivo>, perífrasis del español característica de fase final o valor terminativo, expresa eventualidad reciente, si bien no se puede hablar de ambigüedad interpretativa en los mismos términos en que lo hacemos con <*acabar de* + infinitivo>, dada la poca frecuencia de ejemplos como los siguientes:

(i) Juana termina de salir de escena con Sofía en sus brazos (Quinteros, Luis: *Trilogía del desarraigo*. s. l.: iberescena.org, 2015, en *CORPES XXI*).

(ii) Termina de salir luz de bodega (Galindo Noriega, Edeberto: El diputado. Monterrey: Universidad Autónoma de Nuevo León, 2005, en *CORPES XXI*).

La perífrasis verbal <*dejar de* + infinitivo> tiene, como <*acabar de* + infinitivo>, dos interpretaciones posibles: como *perífrasis de fase* (FASE) y como *perífrasis de atenuación del evento* (ATEN). La *NGLE* (2009: 2178–2180) se refiere, respectivamente, a estos valores como *interpretación de cese* e *interpretación de lítote*[34]. De acuerdo con el primero, la perífrasis expresa una fase final del evento, entendiendo que no se alcanza el fin, sino que se interrumpe. En la segunda interpretación, que aparece en oraciones negativas y con determinados predicados desde el punto de vista del aspecto léxico o modo de acción, se pide la no interrupción de un cierto evento. Ilustramos los dos valores con los siguientes ejemplos:

(9) El monje, que voluntariamente ha dejado de pintar y que se ha impuesto el voto de silencio, pasa de vez en cuando por el campo [...] (Bolaño, Roberto: «Días de 1978». *Putas asesinas*. Barcelona: Anagrama, 2001, en *CORPES XXI*) [FASE].

(10) Ahora, venga esa mano y vamos a brindar por nuestra Palumbia. Y no dejes de leer el Vademécum con el mayor cuidado (Iriarte, Alfredo: *Espárragos para dos leones*. Barcelona: Ediciones del Bronce, 2001, en *CORPES XXI*) [ATEN].

Gómez Torrego (1999: §51.3.2.11) caracteriza <*dejar de* + infinitivo> como perífrasis verbal perfectiva y habla de la interrupción de un evento que no llega a su fin. No se refiere de forma explícita a dos valores de las perífrasis, como sí defendemos aquí y como hemos visto en *NGLE*, pero afirma que "A veces, en forma negativa, el valor es enfático y no aspectual: se destaca una afirmación o una orden y la estructura perifrástica es equivalente de otra no perifrástica, pero sin negación". Se refiere, pues, en estos casos, al valor que denominamos de atenuación.

Camus Bergareche (2006: 117–120) considera esta perífrasis como *aspectual terminativa* y explica que no se focaliza un final natural del evento, sino una interrupción. No habla de dos valores, si bien, al estudiar la negación, afirma que puede equivaler a una "orden atenuada".

34 En la definición de *lítote*, el *DLE* remite a la palabra *atenuación*, que define como "expresión en la que el hablante, sin decir todo lo que quiere expresar, hace comprender su intención, y se realiza generalmente negando lo contrario de lo que se desea afirmar, como en *no es una de sus virtudes* o *en esto no acertáis*."

Fente, Fernández y Feijóo (1979 [1972]: 29 y 30) consideran que en ejemplos como *He dejado de ver la televisión porque me parece una pérdida de tiempo*, <*dejar de* + infinitivo> no constituye "una verdadera perífrasis", pero sí en otros casos como *Si no cambias de actitud, dejarás de hacer muchas amistades*; la diferencia estriba para ellos en que en este segundo caso no se hace referencia a un único evento. Hablan también del valor particular de la construcción cuando aparece en forma negativa, en futuro o en imperativo.

La *NGLE* (2009: 2181) explica la diferencia entre <*dejar de* + infinitivo> y <*acabar de* + infinitivo> en la interpretación de perífrasis de fase o terminativa, así como de <*terminar de* + infinitivo>, y para ello se refiere a las diferencias entre los conceptos de 'cese' y de 'término': los eventos que cesan, como es el caso de los expresados por <*dejar de* + infinitivo>, pueden prolongarse, ya sean télicos o atélicos, mientras que los eventos que terminan, <*acabar de* + infinitivo> en su interpretación de fase, tienen un final que forma parte de su significado.

## 3. Las formas verbales de los auxiliares de las perífrasis <*acabar de* + infinitivo> y <*dejar de* + infinitivo>

De acuerdo con los dos significados que presenta cada perífrasis verbal, analizaremos en este apartado las formas verbales que suele presentar el verbo auxiliar.

Con el valor de eventualidad reciente de <*acabar de* + infinitivo>, las formas más frecuentes son las que expresan aspecto imperfectivo, esto es, presente y pretérito imperfecto de indicativo. Como estudiábamos, en esta variedad aspectual se focaliza una parte del evento, pero ni el principio ni el final. De acuerdo con la definición de aspecto de Klein (1992), el Tiempo del Foco está incluido en el Tiempo de la Situación, puesto que no se focalizan los límites del evento. Lo ilustramos con los ejemplos siguientes:

(11) El meteorito que acaba de pasar fue tan brillante que vi su reflejo en tus ojos -le dice Juan- (Aridjis, Homero: *La zona del silencio*. México D. F.: Punto de Lectura, 2005, en *CORPES XXI*).

(12) un autor a quien un director de Hollywood acababa de comprarle los derechos de su última novela. Lucía un bronceado de Los Ángeles (Maronna, Jorge; Pescetti, Luis María: *Copyright: plagios literarios y poder político al desnudo.* Barcelona: Plaza & Janés, 2001, en *CORPES XXI*).

Con el valor terminativo de la perífrasis <*acabar de* + infinitivo>, el auxiliar no presenta restricciones respecto a la forma verbal en que se conjuga, si bien aparece preferentemente en formas que expresan aspecto aoristo, en particular en pretérito perfecto simple y en pretérito perfecto compuesto:

(13) Acabé de dar la vuelta al edificio y llegué a la entrada del garaje, situada en una callejuela lateral y protegida del exterior por una verja primero y una compuerta después (Mendoza, Eduardo: *La aventura del tocador de señoras*. Barcelona: Seix Barral, 2001, en *CORPES XXI*).

(14) La cultura extraña ha acabado de desplazar a la local, de la que ha heredado algunos elementos: el "se" vuelve a imperar como modo de ser-ahí («Alfredo González Ruibal». Arqueoweb. Madrid: ucm.es/arqueoweb, 2001-12-03, en *CORPES XXI*).

Obsérvese que el primero de estos enunciados equivale a *Terminé de dar la vuelta al edificio* y el segundo a *La cultura extraña ha terminado de desplazar a la local*, perífrasis cuyo valor exclusivo es terminativo.

No obstante, si bien estos son los tiempos verbales más frecuentes para el auxiliar cuando la perífrasis tiene valor terminativo, lo encontramos también conjugado en presente, en pretérito imperfecto y en otros tiempos, como veremos más abajo a propósito del futuro y del condicional. Ilustramos con los siguientes ejemplos la presencia de estas dos formas de aspecto imperfectivo:

(15) Riis explicó que confía plenamente en una resolución favorable para Contador. "Estoy a punto de cerrar la plantilla del equipo y estoy acabando de perfilar los últimos fichajes" («El futuro de Saxo Bank depende de Contador». Sport.es. Barcelona: sport.es, 2010-10-10, en *CORPES XXI*).

(16) -¡Patricia, Patricia! -El argentino llamó a su pareja, que estaba acabando de ducharse en el baño del piso superior- (Corral, José Luis: *El códice del peregrino*. Barcelona: Planeta, 2012, en *CORPES XXI*).

Con el valor de eventualidad reciente, el auxiliar no suele conjugarse en futuro ni en condicional; no obstante, encontramos algunos ejemplos, como aquellos en que la interpretación de estos dos tiempos es de modalidad epistémica, es decir, que se expresa un evento considerado probable, ya coincida con el momento de la enunciación, en el caso del futuro, ya sea anterior a dicho momento, en el caso del condicional; lo comprobamos en los ejemplos siguientes, que aparecían en Martínez-Atienza (2017a: 6):

(17) El encuentro se jugará el próximo 18 de diciembre y servirá para conmemorar los cien años de la fundación del club madridista. Para los miembros de la peña Yomus "Jaime Ortí y Pedro Cortés han traicionado al Valencia", por la cesión de Baraja y Aimar para ese encuentro. El argentino acabará de salir de una lesión por rotura de fibras (*CREA*: El Mundo, "La Peña recoge firmas para impedirlo", 20/11/2002, párrafo 10).

(18) Allí [...], entre cálidas piernas de adultos y fríos barrotes enmohecidos por la humedad, fija mi memoria con precisión enfermiza –yo acabaría de cumplir, como mucho, tres o cuatro años- mi primer recuerdo de "Pamplinas", peyorativo alias comercial [...] (*CREA: El Mundo*, 30/09/1995: "Cine. Centenario del nacimiento de Buster Keaton", párrafo 2).

En el primero de estos dos enunciados, se indica un punto futuro con respecto al momento de la enunciación y con relación a este momento la perífrasis *acabará de salir de una lesión por rotura de fibras* indica un evento anterior del que se afirma su probabilidad, como corresponde al valor de eventualidad reciente. En (18), con la perífrasis *yo acabaría de cumplir, como mucho, tres o cuatro años*, se expresa la probabilidad de un evento reciente con respecto a un punto del pasado.

Menos frecuente aún que con valor de modalidad epistémica es el uso del futuro y del condicional en el auxiliar de la perífrasis de eventualidad reciente. En estas ocasiones, el valor temporal es anafórico, dado que el evento se orienta respecto a un momento distinto al de la enunciación; lo observamos en el ejemplo siguiente:

(19) Cuando entréis mañana a las 12.00 en el despacho de la Directora, Pedro y yo nos acabaremos de marchar, pues nuestra reunión con ella empieza a las 11.30 y no creo que dure menos de media hora.[35]

---

35 Si nos fijamos en la perífrasis equivalente en francés a <*acabar de* + infinitivo> con el valor de eventualidad reciente, a saber, <*venir de* + infinitivo>, que no presenta ambigüedad con un valor terminativo, observamos que el auxiliar también puede conjugarse en condicional y en futuro. Recogemos al respecto los ejemplos que figuran en Bres y Labeau y que toman de corpus (2015: 538):

Salvo casos como (19), como decimos poco frecuentes, cuando el futuro y el condicional no están modalizados y expresan un evento posterior al momento de la enunciación o a un evento pasado, respectivamente para cada forma, la interpretación de la perífrasis es la terminativa, como comprobamos en los ejemplos siguientes:

(20) Pero te diré algo que acabará de enfermarte porque hoy no tengo la más mínima gana de calmar tu ira (Rivero Santa Cruz, Giovanna: *Las camaleonas*. Santa Cruz de la Sierra: La Hoguera, 2001, en *CORPES XXI*).

(21) ni Edmund Wilson, ni Mary McCarthy ni Lionel Trilling se propusieron jamás otra cosa, con sus aportaciones críticas, que echar luz encima de textos que un lector común no acabaría de entender sin esta ayuda («Teoría y amabilidad». *El País. Babelia*. Madrid: Diario El País, S. A., 2004-04-24, en *CORPES XXI*).

Obsérvese que en el primer ejemplo la perífrasis equivale a *terminará de enfermarte* y en el segundo a *terminaría de entender*.

Por último, sobre <*acabar de* + infinitivo>, obsérvese que con el auxiliar en imperativo la única interpretación posible es la terminativa:

(22) —Nada, venga, acabad de comer (Gutiérrez, Xabier: *El aroma del crimen*. Barcelona: Planeta, 2015, en *CORPES XXI*).

Al referirse a los tiempos verbales del auxiliar, la *NGLE* (2009: 2164) habla de "cierta defectividad temporal" y de que no suele conjugarse en futuro, en condicional ni en pretérito perfecto compuesto, si bien hemos comprobado que los dos primeros tiempos sí son posibles con el valor de eventualidad reciente de la perífrasis, siempre que expresen modalidad epistémica; si no es así, el valor de la perífrasis es el terminativo.[36]

---

(i) Elle s'est habituée à dormir seule. Mais elle aurait bien aimé dormir à Roscoff avec un inconnu, le coeur en bandoulière, que sa femme viendrait de quitter pour un ouvrier arabe (Lange M., *Les Cabines de bain*, 1982).

(ii) On verra Mathieu tout jeune et sûr de lui, il viendra de plaquer une bonne femme parce qu'il avait peur qu'elle n'en voulût à sa liberté (Sartre J.-P., *Lettres au Castor*, 1940–1963).

36 La combinatoria de <*acabar de* + infinitivo> con otras perífrasis aspectuales y modales ofrece datos interesantes sobre el funcionamiento de esta construcción. Remitimos al lector a Martínez-Atienza (2017b).

Por lo que respecta a <*dejar de* + infinitivo>, con la interpretación de fase las formas verbales más frecuentes en las que aparece el auxiliar son las de aspecto aoristo, en particular el pretérito perfecto simple y los tiempos compuestos. Con la interpretación de atenuación, no observamos especialización en determinados tiempos.

## 4. La perífrasis <*acabar de* + infinitivo> y la negación

### *4.1. El valor de eventualidad reciente y la negación*

Cuando la negación incide sobre una perífrasis verbal de eventualidad reciente, tiene un valor que podemos considerar enfático y puede incidir sobre distintos elementos del enunciado. Observémoslo a partir de los ejemplos siguientes:

(23) Enrique acaba de perdonar a Juan por su crítica hacia él de la semana pasada.

A partir de este enunciado, vamos a comprobar que se pueden introducir distintas correcciones dependiendo del elemento sobre el que incide la negación; lo incluimos con corchetes tras cada ejemplo:

(24) Enrique no acaba de perdonar a Juan por su crítica hacia él de la semana pasada, sino a la mujer de este.

[No] ⟹ [a Juan]

Comprobamos que se niega que el objeto del perdón haya sido Juan, de ahí que la corrección indique que ha sido su mujer; de este mismo modo funcionan los ejemplos siguientes:

(25) Enrique no acaba de perdonar a Juan por su crítica hacia él de la semana pasada, sino por no haberle contado lo que verdaderamente estaba sucediendo.

[No] ⟹ [por su crítica hacia él de la semana pasada]

(26) Enrique no acaba de perdonar a Juan por su crítica hacia él de la semana pasada, sino de hace dos días.

[No] ⟹ [de la semana pasada]

(27) Enrique no acaba de perdonar a Juan por su crítica hacia él de la semana pasada, sino que acaba de advertirle de que si se repite tomará medidas.

[No] ⟹ [acaba de perdonar a Juan]

En todos los casos, comprobamos que las posibles interpretaciones no dependen del aspecto léxico del verbo auxiliado, sino del foco de la negación, por lo que se trata de una cuestión sintáctico-pragmática (véase Carrasco Gutiérrez, 2006e sobre la negación enfática de esta perífrasis). Comprobaremos en el apartado siguiente que en la interpretación de la negación con la perífrasis de fase terminativa el aspecto léxico del verbo auxiliado es determinante.

## *4.2. El valor de fase terminativa y la negación*

Como hemos indicado, las distintas interpretaciones de <*acabar de* + infinitivo> con valor de fase terminativa al combinarse con la negación están ligadas al aspecto léxico del verbo auxiliado. Por este motivo, subdividiremos este apartado en dos, en función de los rasgos de aspecto léxico.

### *4.2.1. La combinación con predicados [+durativos], [-estativos] y [±télicos]*

Con estos rasgos de aspecto léxico englobamos las realizaciones y las actividades, de carácter dinámico y durativo, télicos y atélicos, respectivamente. Como vamos a comprobar, con estos predicados las lecturas posibles son dos: bien el evento no ha empezado, bien el evento no ha alcanzado su meta intrínseca (en el caso de los predicados télicos) o no ha finalizado (en el de los atélicos). Lo explicamos a partir de los ejemplos con cada predicado y empezamos por los durativos télicos, es decir, por las realizaciones:

(28) No acaba de decirlo cuando entra una mujer que pide 100 gramos de queso, 100 de paleta y dos piezas de pan («Los almacenes de barrio toman revancha de los supermercados». *La Nación*. Buenos Aires: lanacion.com.ar, 2002-03-31, en *CORPES XXI*).

Obsérvese que podemos interpretar este enunciado de dos modos posibles: 1) El sujeto ha empezado a decir algo, pero no ha terminado, de modo que no se ha alcanzado la meta o telos del evento. Una paráfrasis correspondiente a esta interpretación sería "no termina de decirlo". 2) El sujeto intenta decir algo, pero no lo logra, de modo que el evento ni siquiera empieza. Una paráfrasis correspondiente sería "no consigo decirlo".

A la interpretación que hemos descrito en 2), la denomina la *NGLE* (2009: 2181) "interpretación de negación atenuada" porque supone un modo de negar un evento evitando cualquier brusquedad. Fente, Fernández y Feijóo (1979 [1972]: 25 y 26) se refieren a ella en términos similares: "con el valor de una negación atenuada y un sentimiento de ansiedad y contrariedad ante la no realización de la acción expresada por el infinitivo". Asimismo, hablan de la restricción temporal que presenta la perífrasis, que debe conjugarse en presente o en pretérito imperfecto, excepto cuando se trata de una negación atenuada. No hay referencia alguna en este trabajo al valor terminativo de la perífrasis.

Este mismo comportamiento lo observamos con las actividades, predicados durativos atélicos, solo que en el caso de la interpretación de 1) el evento cesa, pero no se deja de alcanzar ningún telos:

(29) No acabo de estudiar, aunque la verdad es que ya me siento cansado, confiesa (Abello Banfi, Jaime: «La vida de Nereo López en tres tiempos». El Tiempo. Bogotá: eltiempo.com, 2015-08-26, en *CORPES XXI*).

En la interpretación 1) el sujeto no termina de estudiar y en 2) no empieza a ello.

### *4.2.2. La combinación con predicados [±durativos], [±estativos] y [±télicos]*

Comenzamos analizando el comportamiento de los predicados [-durativos], [-estativos] y [+télicos], para lo que presentamos el ejemplo siguiente:

(30) Otea los últimos restos de bruma. Busca ansioso detrás de la neblina algo o alguien a quien no acaba de encontrar. Transición, decepcionado (Torriente, Alberto Pedro: «Esperando a Odiseo». González Melo, Abel [ed.]: *Monólogos en el Teatro Terry*. La Habana: Ediciones Alarcos, 2010, en *CORPES XXI*).

Obsérvese que, dado que tienen lugar en un instante en la línea temporal, instante que corresponde al propio telos, no presentan ambigüedad alguna y la única interpretación es aquella de acuerdo con la cual el evento no ha tenido lugar; en el ejemplo que acabamos de presentar, solo cabe, por tanto, la paráfrasis "no lo consigue encontrar".

Los predicados con los rasgos [+durativo], [+estativo] y [-télico] suelen recibir una interpretación incoativa cuando aparecen como auxiliados de la perífrasis con interpretación de fase terminativa negada, de modo que, al igual que en el caso de los logros, el evento no ha tenido lugar. Presentamos esta vez dos ejemplos: uno con el predicado *convencer a alguien*, ya que tiene interpretación incoativa funcione o no como verbo auxiliado de la perífrasis, y otro con *tener una victoria*:

(31) Sin embargo, el reciclado del firme no acaba de convencer al regidor de Santa Elena, que prefiere renunciar a esta solución para que se incluya el arreglo definitivo de la carretera en el próximo Plan Regional de Carreteras («El alcalde afirma que no renunciará al arreglo definitivo de la LE-114». Diario de León.es. León: diariodeleon.es, 2004-05-30, en *CORPES XXI*)

(32) Porque sé que la tristeza en mi rostro es tan grande que cualquiera puede darse cuenta de que no acabo de tener una victoria (Salomé, Omar: *La armonía de los mapas*. Lima: Zignos, 2007, en *CORPES XXI*)

En uno y otro caso, la interpretación corresponde a "no consigue algo", sea "convencer al regidor", sea "tener una victoria", de modo que el evento, como veíamos a propósito de los logros, no tiene lugar.

Recogemos en el siguiente cuadro la síntesis de lo que hemos estudiado en estos apartados dedicados a la perífrasis combinada con la negación:

| | |
|---|---|
| **<*Acabar de* + infinitivo>**<br>**EREC** | **<*Acabar de* + infinitivo>**<br>**TER** |
| | |
| Valor enfático<br>Focalización de distintos elementos del enunciado | Ambigüedad con predicados [+durativos], [-estativos] y [±télicos]<br>Evento no finalizado *vs.* evento no iniciado |
| | |
| *Pedro no acaba de perdonar a Juan, sino a Javi* | No ambigüedad con predicados [± durativos],<br>[±estativos] y [±télicos]<br>Evento no iniciado |
| <*Acabar de* + infinitivo> y la negación | |

## 5. La perífrasis verbal <*dejar de* + infinitivo>, el aspecto léxico del auxiliado y la negación

Desde el punto de vista del aspecto léxico, el verbo auxiliado debe cumplir el requisito de ser [+durativo] o de ser interpretado como tal, de modo que son posibles los logros y los predicados semelfactivos siempre que presenten una lectura iterada. Observemos al respecto el contraste entre los siguientes enunciados, en particular entre la agramaticalidad del primer ejemplo y la gramaticalidad del segundo y el tercero:

(33) *He dejado de encontrar la llave.

(34) Cuando dejó de llegar gente, bajó a la primera grada y se sentó. Hacía un mediodía desapacible, de luz turbia (Lago, Eduardo: *Llámame Brooklyn*. Barcelona: Destino, 2006, en *CORPES XXI*).

(35) Dejó de golpear y sacó algunos fragmentos de muela, tomó de nuevo la herramienta de extracción, enterró su calzado talla 48 sobre mi pierna semi-fracturada (Fuentes Belgrave, Laura: «Odontologus Australopithecus». *Cementerio de cucarachas*. San José: Editorial de la Universidad de Costa Rica, 2006, en *CORPES XXI*).

En el primer ejemplo, el verbo auxiliado es un predicado puntual télico que no aparece iterado, de ahí que, al no cumplir el requisito exigido de duratividad, resulte agramatical. En el segundo ejemplo, sin embargo, encontramos el logro *llegar,* pero el sujeto es el colectivo *gente*, de modo que el evento está iterado y, por tanto, este enunciado cumple el requisito [+durativo]. En el tercer ejemplo, el predicado es semelfactivo, de acuerdo con la terminología de Smith (1991), o puntual, según la de Bertinetto (1986), esto es, carece tanto de duración como de telos, pero suele presentarse de forma iterada. En este enunciado encontramos el predicado *golpear*; otros ejemplos de esta clase son *toser*, *llamar a la puerta* o *estornudar*. Nuevamente, se cumple el requisito de la duración.

Los predicados estativos también son posibles, a excepción de los permanentes, dado que no implican cese alguno del evento (Camus, 2006: 118). Lo observamos con los dos ejemplos que presentamos a continuación:

(36) A partir de ese momento, mi pieza dejó de ser el apacible dormitorio del joven hemofílico, dominado por tres iconos absolutos (Zaldívar, Mario: *Después de la luz roja*. San José: *Perro Azul*, 2001, en *CORPES XXI*).

(37) Al leer a Freire ni por un instante he dejado de estar consciente no solo del sexismo del lenguaje que emplea, sino de la manera en que [...] («El hombre y la obra bell hooks habla sobre Paulo Freire». *Caminos*. Ciudad de la Habana: cubaliteraria.com, 2002-03-03, en *CORPES XXI*).

Además, resultan gramaticales los predicados que implican un avance gradual del evento, como *calentarse, enfriarse, adelgazar,* etc. (Beavers, 2013), a los que ya nos referimos en el capítulo segundo de este trabajo, que figuran también en De Miguel (1999) y en De Miguel y Fernández Lagunilla (2000: 28) como "verbos de acabamiento gradual":

(38) Ocurre con relativa frecuencia que alguien me dice que ha dejado de adelgazar porque no consigue bajar más peso, pero sin embargo continúa bajando volumen (https://www.adelgazarsinmilagros.com/estancarse-al-adelgazar/. Fecha de consulta: 27/03/2020).

(39) Esta mujer asegura que dejó de envejecer con 20 años y ahora la confunden con la novia de su hijo (https://www.lavanguardia.com. Fecha de consulta: 27/03/2020).

Por lo que respecta a la combinación de la perífrasis con la negación, son posibles dos interpretaciones, que corresponden también, precisamente, a las dos lecturas posibles que presenta esta perífrasis y de las que hemos hablado arriba: por un lado, la interpretación como perífrasis de fase y, por otro lado, como perífrasis de atenuación. Comencemos por la primera:

(40) Suspira profundamente, se golpea el pecho, reza el yo pecadora, evoca los diez y seis años de la hija, en quien no deja de pensar desde hace días (Martínez Espinosa, Jorge: «El hijo nonato de la niña Elvira». *El final de los milagros*. Colombia: Editorial Costa Rica, 2001, en *CORPES XXI*).

(41) Tía Leonor no deja de visitarme. Llega por las noches. ¿Es que ahora mi vida se reduce a visitas nocturnas? (Quezada, Roberto: *Los potros del recuerdo*. Guatemala: Editorial Palo de Hormigo, 2001, en *CORPES XXI*).

El primer enunciado hace referencia a un pensamiento del sujeto que no cesa, por lo tanto, a la prolongación de un mismo evento, mientras que en el segundo se hace referencia a un evento que se repite, en este caso las sucesivas visitas nocturnas de la Tía Leonor, pero en ambos casos estamos ante la interpretación de la perífrasis de fase.

En cuanto a la interpretación de atenuación, la podemos ver reflejada en las oraciones siguientes, cuyo sentido contrasta con el de las anteriores:

(42) Ahora, venga esa mano y vamos a brindar por nuestra Palumbia. Y no dejes de leer el *Vademécum* con el mayor cuidado (Iriarte, Alfredo: *Espárragos para dos leones*. Barcelona: Ediciones del Bronce, 2001, en *CORPES XXI*).

(43) Por suerte lo he sabido a tiempo para pedirte que cada vez que pases por Tebas no dejes de visitarme (Moix, Terenci: *El arpista ciego. Una fantasía del reinado de Tutankamón*. Barcelona: Planeta, 2002, en *CORPES XXI*).

La interpretación correspondiente al primer enunciado es "lee el Vademécum" y la del segundo "visítame", por lo que la negación conduce a que se interpreten como afirmación atenuada del evento, que a menudo coincide con la expresión de consejos, peticiones, órdenes, etc., sea o no con la forma de imperativo.

La *NGLE* (2009: 2179) observa que el valor de atenuación al que da lugar <*dejar de* + infinitivo> generalmente no se aplica también a otros términos con valor negativo. Lo ilustran con el contraste entre *Eso no dejaba de molestarme*, enunciado ambiguo entre una interpretación de fase (me molestaba continuamente) o de atenuación (me producía cierta molestia) y *Nadie dejaba de molestarme*, en el que solo tenemos la interpretación de fase. Advierten, al mismo tiempo, de que puede darse ambigüedad en casos como *Ninguno de los presentes dejó de expresar su desaprobación*, que sí tiene valor de atenuación.

Fente, Fernández y Feijóo (1979 [1972]: 30) afirman que la negación de la perífrasis indica que el evento tiene lugar de forma ininterrumpida, aunque también consideran que en futuro y en imperativo la negación "tiene un valor especial", con lo que se refieren al que denominamos de atenuación. García González (1992: 73 y 74) distingue tres valores cuando la perífrasis aparece en la forma negativa: 1) La no interrupción del evento, que entiende equivalente a la perífrasis <*seguir* + gerundio>, y cita los siguientes ejemplos:

(44) No he dejado de escribir a Luis = Sigo escribiendo a Luis.

(45) No he dejado de comer carne = Sigo comiendo carne.

2) "Acción repetida con frecuencia" (Ahora no dejo de ver la televisión (*Veo mucho-siempre la televisión*) y 3) Recomendación o invitación, en particular con el imperativo (*No dejes de escribirnos*). Consideramos que las diferencias entre las interpretaciones de 1) y 2) que distingue están ligadas al tipo de verbo desde el punto de vista del aspecto léxico y al contexto en el que aparece, de modo que no debe ser considerado como un tercer valor. La equivalencia en la interpretación de 1) con la perífrasis <*seguir* + gerundio> la presenta también Fernández de Castro (1999: 266), quien considera que, dado el significado de <*dejar de* + infinitivo>, cuando aparece negada se trata de una doble negación y "se vuelve una lítotes enfáticamente afirmativa de la factualidad de un hecho".[37]

Gómez Torrego (1999: 3381) señala que "A veces, en forma negativa, el valor es enfático y no aspectual"; se establece en estos casos una equivalencia con una estructura afirmativa.

Como hemos hecho con <*acabar de* + infinitivo>, sintetizamos la información en el siguiente cuadro:

---

37 Enghels y Roegiest (2013) analizan la perífrasis <*dejar de* + infinitivo> como expresión de la causatividad negativa y establecen un contraste con la construcción equivalente en francés con el verbo *laisser*.

| | |
|---|---|
| **<*Dejar de* + infinitivo>**<br>**[FASE]** | **<*Dejar de* + infinitivo>**<br>**[ATEN]** |
| Restricción [+duratividad] para el predicado auxiliado | Restricción [+duratividad] para el predicado auxiliado |
| Desarrollo continuo del evento | Afirmación atenuada del evento |
| *No deja de interrumpirme mientras trabajo* | *No dejéis de leer esta novela, es buenísima* |
| <*Dejar de* + infinitivo> y la negación | |

## 6. Las perífrasis <*acabar* + gerundio>, <*terminar* + gerundio>, <*acabar por* + infinitivo> y <*terminar por* + infinitivo>

Nos ocuparemos en este apartado de analizar estas cuatro perífrasis verbales, cuyos auxiliares coinciden con los que presentan dos perífrasis de fase que ya hemos estudiado en este cuarto capítulo, a saber <*acabar de* + infinitivo> y <*terminar de* + infinitivo>.

El debate que suscitan estas cuatro construcciones entre los estudios dedicados a las perífrasis verbales es, fundamentalmente, su clasificación como construcciones en las que se focaliza una parte del evento, por lo que se considerarían perífrasis aspectuales, y como construcciones que manifiestan una información relevante desde un punto de vista discursivo. En Martínez-Atienza (2006a, 2006b, 2006c y 2006d) nos ocupamos del análisis de las cuatro y defendimos su consideración como "estructuradores de la información", concretamente como "ordenadores de cierre", algo que ha sido posteriormente también defendido en otros trabajos, como Quevedo García (2019). En esta clase se incluyen estructuradores como *al final, por último, en último lugar, en último término*, etc. Seguimos defendiendo esta clasificación en el presente trabajo, en el que las estudiaremos de manera conjunta y las relacionaremos con las correspondientes perífrasis de fase terminativa que hemos estudiado en este capítulo. Nuevamente, nuestro análisis estará basado en los ejemplos de *CORPES XXI*.

Estas perífrasis comparten un auxiliar cuyo significado indica la finalización de algo. El *DLE* define *acabar* como "poner o dar fin a algo" y *terminar* "poner término a algo", y remite a *acabar* en la segunda acepción. En efecto, <*acabar de* + infinitivo> y <*terminar de* + infinitivo> son perífrasis aspectuales de fase terminativa, mientras que las cuatro perífrasis de las que nos ocupamos en este apartado funcionan como estructuradores de la información y por tanto no se clasifican como aspectuales, sin embargo, al poseer el mismo auxiliar, comparten la idea de un determinado final, sea una fase del evento, sea una fase del discurso. Explican Martín Zorraquino y Portolés (1999: 4086) sobre los ordenadores que tienen como función indicar la posición que ocupa un elemento del discurso dentro de una secuencia y, además, presentarla como un comentario único y como subcomentarios las partes de dicha secuencia. En particular respecto a los ordenadores de cierre, afirman que indican el final de una serie discursiva.[38]

Comencemos mostrando el significado de estas perífrasis a partir de los ejemplos siguientes, el primero con <*acabar* + gerundio> y el segundo con <*terminar por* + infinitivo>:

(46) Encendió pausadamente un cigarrillo, me miró medio compasivamente y acabó diciéndome que, si quería asesinar a quien leyera el libro, debía hacerlo a base de un efecto textual (Vila-Matas, Enrique: *París no se acaba nunca*. Barcelona: Anagrama, 2003, en *CORPES XXI*).

(47) Dijo vulgaridades como que los críticos eran frustrados creadores. Y terminó por reconocer que su mejor papel podía ser el de guiar al lector en la elección de sus libros. De inmediato siguió con su rechazo por los prólogos (Martínez, Carlos Dámaso: «El Kadmon». *El amor cambia*. Córdoba: Alción Editora, 2001, en *CORPES XXI*).

Obsérvese que el evento expresado por el gerundio en el primer ejemplo y por el infinitivo en el segundo se posicionan al final de una serie de eventos. En efecto, en el primer enunciado el sujeto realiza dos acciones

38 Véanse también otros trabajos destacados, como Briz, Pons y Portolés (2008) o Fuentes Rodríguez (2009) sobre estos marcadores y su clasificación con relación al resto.

previas a la indicada por la perífrasis verbal: primero enciende un cigarrillo de manera pausada, después, mira al interlocutor compasivamente y por último le dice algo; de acuerdo con ello, podría ser sustituida por *al final me dijo que…* En el segundo ejemplo, el sujeto primero dice una serie de vulgaridades y el último elemento de esa serie es reconocer algo: *por último reconoció que…*

En otros casos, como ya hemos apuntado, la serie discursiva dentro de la que se inserta el evento expresado por el gerundio queda implícita, como en el enunciado siguiente:

(48) Todo este verano de locura llevaba pensando en ti, Jonás -acabó diciendo Diago, sudoroso y desatado (Ferrero, Jesús: *Ángeles del abismo*. Madrid: Ediciones Siruela, 2005, en *CORPES XXI*).

### 6.1. *La consideración de estas cuatro construcciones en otros trabajos sobre perífrasis*

Fente, Fernández y Feijóo (1979 [1972]: 37) no consideran <*acabar/terminar* + gerundio> como perífrasis verbales. Yllera (1999: §52.1.6.1.) analiza <*acabar/terminar* + gerundio> y habla de "culminación final de un proceso o serie de procesos anteriores", ya aparezcan en el contexto de manera explícita o implícita. Se refiere a la visión "culminativo-finalizativa" y cita el siguiente ejemplo, en el que presenta una paráfrasis similar a la que hemos propuesto para los dos enunciados anteriores: *Acabó haciéndolo* (*"al fin lo hizo"*). Añade que la acción suele ser inesperada y a veces, incluso, implica cierta impaciencia. Por su parte, Gómez Torrego (1999: §51.3.3.5) estudia <*acabar/terminar por* + infinitivo>, que, según defiende, aportan el valor de "culminación de un proceso de tipo subjetivo que lleva al sujeto a realizar la acción del infinitivo". También se refiere a las paráfrasis equivalentes con los marcadores *finalmente* o *al final.*

Fernández de Castro (1999: 288–293) considera estas cuatro construcciones como "variantes alomórficas" y habla de perífrasis de *disposición finalizadora*, en las que a veces se expresan contenidos como la fatalidad o la frustración, entre otros. Como Gómez Torrego, tampoco se refiere a ellas explícitamente como marcadores del discurso, aunque también considera que presentan un determinado evento como culminación de una serie explícita o implícita.

Olbertz (1998: §6.1.2.2.2. y §6.2.2.1.1.) se concentra fundamentalmente en justificar el análisis de <*acabar/terminar por* + infinitivo> y <*acabar/terminar* + gerundio> como perífrasis verbales, mediante pruebas sintácticas como la imposibilidad de pronominalización u omisión del verbo auxiliado, la segunda de las cuales ya fue utilizada en el capítulo tercero de este trabajo, donde mostrábamos que <*empezar/comenzar a* + infinitivo> sí permitían la omisión, frente a <*arrancar a/romper a* + infinitivo> (recordemos uno de los ejemplos que recogíamos: – *Creo que al conocer la noticia, rompió a llorar.* – **Sí, rompió*). Respecto a <*acabar/terminar* + gerundio>, muestra casos de ambigüedad en los que un mismo enunciado puede manifestar una lectura perifrástica y otra no perifrástica; en este segundo caso, el gerundio tendría un comportamiento adverbial e indicaría el modo en que se lleva a cabo un determinado evento. Ilustra Olbertz (1998: 273) uno de los casos de ambigüedad con el ejemplo que recogemos a continuación:

(49) Terminó habiendo diez alumnos en mi clase.

Además de afirmar el funcionamiento como perífrasis en este ejemplo, propone la paráfrasis siguiente para mostrar que el gerundio puede funcionar como adjunto y, por tanto, equivaldría a una construcción en la que la forma verbal *terminó* queda sustituida por una subordinada temporal y el gerundio correspondería a la oración principal:

(50) Cuando terminó había diez alumnos en mi clase.

A nuestro juicio, son preferibles pruebas sintácticas como la construcción de la pasiva perifrástica o de la pasiva con *se*, la combinación con verbos meteorológicos y otras como las utilizadas en el capítulo tercero, antes que recurrir a las paráfrasis con otras construcciones.

El análisis de Olbertz (1998) se concentra principalmente, por tanto, en la consideración como perífrasis de estas cuatro construcciones y en los casos de ambigüedad, pero en ningún momento se refiere a su clasificación como unidades con función discursiva.

En la *NGLE* (2009: §28.11l) se consideran como perífrasis escalares o culminativas y no de fase: "El infinitivo con el que se construye [en el caso de <*acabar por* + infinitivo>] no denota aquí una de las fases de una situación, sino más bien una situación que se interpreta al hilo de otras o se evalúa como culminación de ellas". Efectivamente, hacen referencia a la culminación de una serie de eventos, ya aparezcan de forma explícita o implícita, de ahí las paráfrasis que hemos presentado arriba con los marcadores *finalmente* y *al final* y que también presentaban Gómez Torrego (1999) e Yllera (1999).

Olbertz (2007) se manifestó en contra de la consideración de estas perífrasis (y de otras como <*llegar a* + infinitivo>, <*empezar/comenzar* + gerundio>, <*empezar/comenzar por* + infinitivo> y <*pasar a* + infinitivo>) como marcadores discursivos, lo que generó, a nuestro juicio, una interesante discusión tras la respuesta que presentaron García Fernández y Carrasco Gutiérrez (2008) en la misma revista en la que la autora había publicado previamente su trabajo y en la que argumentaban a favor de la consideración de estas construcciones como marcadores discursivos. Esta defensa la encontramos también en García Fernández y Krivochen (2019).

Queremos hacer hincapié en el hecho de que el verbo auxiliar que tienen en común estas perífrasis (*acabar* o *terminar*) con las de fase final que hemos estudiado en este mismo capítulo (<*acabar de* + infinitivo> en particular y su equivalente <*terminar de* + infinitivo>) otorga a todas ellas la idea de finalización. La diferencia estriba en que las dos últimas focalizan la fase final de un evento, por tanto, han de ser clasificadas como aspectuales, mientras que las cuatro perífrasis que estudiamos en este apartado indican que el evento denotado por el auxiliado ocupa la posición final de una serie de eventos en el marco de un determinado discurso, por lo que han de ser clasificadas como perífrasis discursivas.

### *6.2. El aspecto léxico del verbo auxiliado y los tiempos verbales del auxiliar*

Desde el punto de vista del aspecto léxico o modo de acción del verbo que funciona como auxiliado, estas cuatro perífrasis manifiestan un comportamiento similar al de <*acabar de* + infinitivo> y <*terminar de* + infinitivo>: no presentan restricciones, de forma que el verbo auxiliado puede ser [±durativo], [±estativo] y [±télico]. Difieren al respecto de la perífrasis <*dejar de* + infinitivo>, que, como veíamos, sí presentaba restricciones, dado que quedaban excluidos los predicados [-durativos]; los logros y los semelfactivos solo podían funcionar como auxiliados si presentaban una lectura iterada. Mostramos a continuación algunos enunciados con los que ilustramos los distintos rasgos que puede tener el auxiliado:

(51) A mí me pareció adecuada porque Hilda acabó por ser parte de la familia y porque no creo que ni Rosita ni tú quieran venir a morirse en Cuba (Celorio, Gonzalo: *Tres lindas cubanas*. Barcelona: Tusquets, 2006, en *CORPES XXI*)

(52) Pero una ola estalló contra ellas y el Rigo cayó pesadamente. Sin dejar de insultarlo, la Nancy lo tironeó para levantarlo, pero terminó cayéndose encima de él (Oses, Darío: «Muerte en Cartagena». *La música de las esperas y otros cuentos*. Santiago: Planeta, 2002, en *CORPES XXI*)

En el primer enunciado, con la perífrasis <*acabar por* + infinitivo>, el predicado auxiliado *ser parte de la familia* tiene los rasgos [+durativo] [+estativo] [-télico]; el sujeto correspondiente tiene carácter [-agentivo]. El segundo enunciado, *caerse encima de él*, manifiesta, sin embargo, los rasgos opuestos: [-durativo] [-estativo] [+télico]: tiene lugar en un instante de la línea temporal, que es, precisamente, el telos del propio evento.

Observemos que también resultan gramaticales los enunciados en los que la combinación de rasgos es distinta respecto a la que acabamos de presentar; lo ilustramos en esta ocasión con las otras dos perífrasis: <*acabar* + gerundio> y <*terminar por* + infinitivo>:

(53) En la calle un vendedor le insistió tanto que acabó comprándole el periódico vespertino (Ramos-Izquierdo, Eduardo: «La mirada en la sombra». *Los años vacíos*. México D. F.: Siglo XXI Editores, 2002, en *CORPES XXI*).

(54) Una vez solo, Leroy pensó en lo que había dicho el borracho que finalmente terminó por hablar: alguien medio desnudo abandonó en carrera el peñón hacia el pueblo (Ibáñez, Sael: *Vivir atemoriza*. Caracas: Monte Ávila Editores Latinoamericana, 2003, en *CORPES XXI*).

En el primer enunciado, encontramos el predicado *comprarle el periódico vespertino*, con los rasgos [+durativo] [-estativo] [+télico]; el sujeto es agentivo y está orientado a una meta, mientras que en el segundo el predicado del verbo auxiliado es *hablar*, que manifiesta los rasgos [+durativo] [-estativo] [-télico]; el sujeto es también agentivo, pero carece de telos.

Por lo que respecta a los tiempos verbales en los que pueden aparecer los auxiliares de las cuatro perífrasis, no existen restricciones, de modo que pueden conjugarse en formas de aspecto perfectivo e imperfectivo, aunque son más frecuentes las primeras. Coinciden con <*acabar de* + infinitivo> y con <*terminar de* + infinitivo> en la ausencia de restricciones temporales, si bien comprobábamos que en la interpretación de EREC de estas dos perífrasis las formas más frecuentes eran el presente y el pretérito imperfecto, mientras que en la interpretación TER eran el pretérito perfecto simple y los tiempos compuestos. Hasta ahora hemos presentado en este apartado ejemplos con el auxiliar en tiempos perfectivos, por lo que a continuación ilustramos dos usos con formas imperfectivas: el primero con el auxiliar de <*terminar por* + infinitivo> en pretérito imperfecto y el segundo con el de <*acabar* + gerundio> en presente:

(55) La percusión se filtraba en los lapsos de vigilia. Lo cierto es que aquella resonancia terminaba por causarle otra de sus persistentes jaquecas (Del Águila, Irma: *El último capítulo*. Lima: Fondo Editorial del Banco Central de Reserva del Perú, 2001, en *CORPES XXI*).

(56) Por más que nos esforcemos (y juro por lo más sagrado que nos esforzamos denodadamente) resulta que acabamos haciendo las cosas de una manera determinada (Segarra, Toni: *Desde el otro lado del escaparate*. Madrid: Espasa Calpe, 2009, en *CORPES XXI*).

Obsérvese que, ya se conjuguen los auxiliares en formas perfectivas o en formas imperfectivas, el evento se desarrolla de forma completa, algo que tienen también en común estas cuatro perífrasis con <*acabar de* + infinitivo>, tanto en la interpretación de EREC como en la TER, así como con <*terminar de* + infinitivo>.[39]

Antes de concluir este apartado y, con ello, el cuarto capítulo de nuestro trabajo, señalemos que en la obra de Yllera (1980) sobre las perífrasis en el español medieval, no encontramos referencia alguna a estas cuatro construcciones, de modo que parecen ser de creación posterior respecto a <*acabar/terminar de* + infinitivo>.

39 Véase también sobre esta idea Gavarró y Laca (2002: 2705), quienes han estudiado las perífrasis equivalentes en catalán.

# SÍNTESIS Y CONCLUSIONES FINALES

Esperamos haber demostrado a lo largo de este trabajo que la distinción de fases permite desarrollar un adecuado análisis de los eventos. Para ello, nos hemos concentrado, en particular, en la focalización de la fase inicial, a través del análisis del funcionamiento de la locución adverbial *de sopetón* y de las perífrasis incoativas e ingresivas <*comenzar a* + infinitivo>, <*empezar a* + infinitivo>, <*arrancar a* + infinitivo> y <*romper a* + infinitivo>, y en la focalización de la fase final, a través del análisis de <*acabar de* + infinitivo> y <*dejar de* + infinitivo>, que hemos relacionado con otras como <*acabar/terminar por* + infinitivo> y <*acabar/terminar* + gerundio>, que no son aspectuales, ya que focalizan la fase final de un discurso.

Hemos partido de un concepto de incoatividad como cambio de estado, en ello de acuerdo con De Miguel (1999), Felíu Arquiola (2009) o Merchán Aravid (2017). Distinguíamos, además, entre la incoatividad y la ingresividad, dado que el cambio de estado que implica el primero se puede contemplar en distintas fases: si es la primera, entonces un evento es, a la vez, incoativo e ingresivo, pero si se focaliza la fase final, será incoativo y terminativo (véase, por ejemplo, la perífrasis <*acabar de* + infinitivo> en su sentido terminativo, como equivalente de <*terminar de* + infinitivo>). En los distintos capítulos hemos podido corroborar, por otro lado, una de las hipótesis que defendíamos, a saber, que el aspecto aoristo o perfectivo favorece la incoatividad, lo cual es coherente con la propia caracterización de esta variedad, que focaliza los límites inicial y final del evento. Esto contrasta, por otra parte, con la escasa presencia del aspecto imperfectivo, que no permite la visualización del inicio ni de la terminación del evento.

Presentaremos, a continuación, las principales conclusiones de cada capítulo. En el primero, de carácter más general respecto al resto, hemos analizado algunos de los trabajos que defienden la necesidad de distinguir fases en los eventos, como Pustejovsky (1991) y (1995), De Miguel y Fernández Lagunilla (2000) -en particular para los predicados de logro- y Morimoto (2011) -para los de estado. Comprobábamos que el funcionamiento de adverbios de foco como *solo* o de los aspectuales que presuponen un evento previo, como *aún/todavía,* combinados con unos u otros tipos de predicados desde el punto de vista del aspecto léxico o modo de acción, mostraban la necesidad de distinguir fases. Posteriormente, hemos defendido nuestra propuesta de estructura subeventiva compleja para los estados, en particular para algunos como *saber, conocer* o *entender*, que, de acuerdo con nuestra hipótesis, constan de un subevento puntual inicial, el propio ingreso en el evento, que va seguido de un segundo subevento no delimitado, el propio estado. Mostrábamos, además, que el tiempo y el aspecto gramatical manifestados por predicados como *saber*, *conocer* o *entender* son determinantes en la focalización de un subevento u otro. Por otro lado, observábamos que lenguas como el inglés recurrían a distintas lexías verbales para expresar uno u otro subevento, en particular a *meet* frente a *know*.

En este capítulo primero nos hemos detenido en la clase de predicados sobre la que defendemos nuestra propuesta de estructura subeventiva: los estados. Hemos repasado la distinción entre permanentes y no permanentes: los primeros caracterizan al sujeto a lo largo de su vida, como *ser de Cáceres* o *tener una hermana melliza*, mientras que los segundos expresan propiedades transitorias: *tener hambre* o *estar agotado*. También nos hemos referido al rasgo [+agentivo] y [+controlador], que manifiestan determinados estados. En efecto, estos rasgos suelen entenderse como característicos del resto de clases de predicados, sin embargo, como ya demostró Dowty (1979), hay estados agentivos, como *estar de pie* o *estar tumbado*, y otros no agentivos, como *amar* o *estar dormido*. Por otro lado, Morimoto (2011), que distingue entre la agentividad y el control del evento por parte del sujeto, defiende que estados como *estarse de pie* o *estarse quieto* tienen un sujeto controlador del evento. En esta misma línea, Marín (2011) distingue, dentro de los que denomina *verbos psicológicos de experimentante objeto*, que considera estados, los que pueden tener un sujeto agentivo y aquellos que nunca pueden tenerlo.

Nos hemos detenido, posteriormente, en la propiedad del subintervalo que caracteriza también a los estados y de acuerdo con la cual el evento se cumple en cada uno de los instantes en que se pueda subdividir el período de tiempo en que tiene lugar. Esta propiedad es equivalente a la densidad, sin embargo, es distinta de la homogeneidad, propia la segunda de los predicados que no tienen límites internos: los estados y también las actividades.

Por otro lado, comprobábamos que el dinamismo como propiedad de los predicados que implica un cambio no estaba ausente de todos los estados, lo que justifica que, tal y como defendemos en nuestra propuesta, predicados como *conocer* o *saber* impliquen fases o subeventos distintos. También a partir de esta propiedad, Cunha (2011) distingue entre los estados con fase y sin fase; los primeros pueden incorporar el rasgo [+dinámico] y, en consecuencia, funcionar como predicados que indican un proceso.

A partir del concepto de incoatividad como cambio de estado, en el capítulo segundo nos hemos ocupado de analizar las restricciones de tiempo, aspecto gramatical y aspecto léxico impuestas por la locución *de sopetón* a los predicados con los que se combina. Hemos comprobado que impone un cambio de estado, por tanto, incoatividad en el sentido que defendemos.

Como hemos afirmado arriba, hemos partido de la hipótesis de que la incoatividad se ve favorecida por la variedad aspectual de aoristo o perfectivo, así como por la subvariedad de aoristo ingresivo; en particular en la segunda se focaliza el propio inicio del evento. La variedad aspectual de perfecto, sin embargo, no favorece la incoatividad, dado que en ella se focalizan los resultados, pero no el propio evento. Esto explica que las formas verbales compuestas, que son ambiguas entre una interpretación de aoristo o perfectivo y una de perfecto, expresen en el corpus exclusivamente la primera variedad.

Hemos demostrado que la locución impone determinadas restricciones desde el punto de vista del aspecto léxico o modo de acción al predicado con el que se combina. Comprobábamos a partir del análisis de los datos extraídos de *CORPES XXI* que la locución impone un requisito de telicidad, de delimitación sobre el predicado, y que puede combinarse tanto con predicados durativos como con no durativos, pero en todos ellos lo que se focaliza es el punto inicial del evento, que, en el caso de los logros, al carecer de duración, suponen el evento completo. Hemos comprobado que el 4,07% de predicados de estado que se combinan con la locución *de sopetón* cumplen el requisito de incoatividad, dado que en ellos se focaliza el subevento puntual que indica el ingreso en el evento, de acuerdo con la estructura subeventiva que hemos propuesto para predicados estativos como *saber, conocer* o *entender*. Hemos contrastado el comportamiento de la locución *de sopetón* con la locución *de un tirón*, cuyos requisitos accionales son distintos. Además, hemos expuesto algunos ejemplos (*Durmió/se durmió*) en los que comprobábamos el valor delimitador del pronombre *se* en español.

Posteriormente, hemos analizado las características temporales y aspectuales (de aspecto gramatical) de los predicados que se combinan con *de sopetón*, y al respecto observábamos el predominio de uso del PPS frente al resto de los tiempos, lo que explicábamos por el aspecto aoristo que expresa esta forma. Veíamos, además, que los enunciados con PPC y PPLUSC, que son formas ambiguas entre aspecto aoristo y perfecto, en el corpus expresan exclusivamente la primera variedad. Hemos explicado también los ejemplos de los otros dos tiempos más frecuentes en el corpus (si bien con notable diferencia respecto al PPS): el PRES y el PIMP, y comprobábamos que expresaban distintos valores desde el punto de vista semántico y que en todos ellos se cumplía el requisito de incoatividad. Respecto al PRES, destacábamos que 31 de los 66 casos correspondían al valor no prototípico de PRES equivalente a PPS.

Por último, hemos analizado la frecuencia de las lexías verbales en el corpus y hemos comprobado que podemos hablar al menos de cinco combinaciones léxicas: con los verbos *entrar(se), encontrar(se), soltar, decir* y *preguntar*, para lo que nos hemos basado en el criterio de la repetición de estas lexías en el corpus en diez o en más ocasiones. Así pues, comprobábamos que *entrar(se)* aparece 10 veces, *encontrar(se)* 11, *soltar* 17, *decir* 22 y *preguntar* 23. Todos estos verbos, como es esperable, tienen el rasgo [+télico]; los primeros son puntuales y los segundos durativos.

Nos hemos ocupado en el tercer capítulo del análisis de cuatro perífrasis verbales con valor incoativo e ingresivo: <*empezar a* + infinitivo>, <*comenzar a* + infinitivo>, <*arrancar a* + infinitivo> y <*romper a* + infinitivo>. Para ello, hemos partido del concepto de grado de perifrasticidad que encontramos ya en Bertinetto (1990) y que ha sido utilizado posteriormente en varios trabajos sobre el tema, así como del concepto de gramaticalización que figura en Garachana Camarero (2016) y (2017). De acuerdo con la estudiosa, las perífrasis verbales en su origen son construcciones cercanas a las expresiones lexicalizadas, a las colocaciones, y presentan fuertes restricciones en el verbo que puede funcionar como auxiliado; a medida que van evolucionando, se produce un progresivo proceso de gramaticalización y disminuyen las restricciones sobre los tipos de auxiliados.

A partir de estas ideas, hemos comprobado que las construcciones objeto de estudio en este capítulo no manifiestan un comportamiento uniforme respecto a los criterios que determinan el grado de perifrasticidad: las cuatro pueden combinarse con verbos meteorológicos, pero solo las dos primeras permiten el ascenso de clíticos, la formación de pasiva perifrástica y de pasiva con *se* y la elisión del auxiliado. Así pues, el grado de perifrasticidad de <*empezar a* + infinitivo> y de <*comenzar a* + infinitivo> es superior al que manifiestan las otras dos perífrasis.

Por otro lado, hemos analizado las restricciones desde el punto de vista del aspecto léxico o modo de acción que imponen las perífrasis sobre el verbo auxiliado, y hemos comprobado que las cuatro coinciden en imponer la restricción de [+duratividad], sin embargo, la de [-estatividad] solo es impuesta por <*arrancar a* + infinitivo> y <*romper a* + infinitivo>, dado que no pueden combinarse con predicados de estado. En tercer lugar, las cuatro perífrasis coinciden en la posibilidad de combinarse tanto con predicados télicos como con atélicos.

Hemos constatado que <*arrancar a* + infinitivo> y <*romper a* + infinitivo> manifiestan un claro predominio de combinación con el pretérito perfecto simple o indefinido, contextos en los que expresan aspecto aoristo ingresivo. En <*empezar a* + infinitivo> y <*comenzar a* + infinitivo> son posibles todas las variedades aspectuales, con mayor o menor frecuencia, pero no encontramos el claro predominio que presentan las otras dos perífrasis.

En último lugar, hemos recogido todos los verbos que pueden funcionar como auxiliados con *romper* y con *arrancar* y al respecto hemos propuesto hablar de *combinaciones léxicas*, pues algunas lexías, como <*romper a llorar*> o <*romper a reír*>, así como <*arrancar a correr*> o <*arrancar a hablar*> figuran en un número muy superior en el corpus respecto al resto. En particular, con <*romper a* + infinitivo>, hemos comprobado que, si bien el número de ejemplos es muy superior respecto a <*arrancar a* + infinitivo> (746 casos frente a 170), sin embargo, el número de verbos que se combinan es claramente más reducido: 31 frente a 54. Así pues, defendemos en nuestro trabajo que las dos construcciones constituyen en español perífrasis verbales, sin embargo, <*romper a* + infinitivo> está más cercana a la lexicalización respecto a <*arrancar a* + infinitivo>. Asimismo, constatamos en ambos casos que no se restringen a cuatro o cinco auxiliados, sino que son muchos más los que pueden aparecer funcionando como tales, a pesar de que presenten disimilitudes en la frecuencia. Estos datos contrastan claramente con los que manifiestan <*empezar a* + infinitivo> y <*comenzar a* + infinitivo>, de modo que no hablamos en estos dos casos de combinaciones léxicas. La restricción que deben cumplir los verbos auxiliados de estas dos perífrasis tiene que ver con los rasgos accionales que hemos estudiado en el apartado correspondiente, pero debido al grado de gramaticalización claramente superior respecto a las otras dos construcciones, no se limitan a un número de verbos.

En el cuarto capítulo hemos centrado la atención en la focalización de la fase final del evento, en particular mediante el estudio de dos perífrasis verbales: <*acabar de* + infinitivo>, equivalente a <*terminar de* + infinitivo>, y <*dejar de* + infinitivo>, que pueden visualizar dicha fase. Hemos comprobado que ambas perífrasis presentan ambigüedad interpretativa: la primera entre la lectura de fase final y la de eventualidad reciente, y la segunda entre la lectura de fase final y la de atenuación. Hemos estudiado los criterios que determinan que en cada contexto se manifieste una u otra lectura, para lo que nos hemos detenido en el análisis de los tiempos verbales que presenta el auxiliar en cada caso y en la incidencia del aspecto léxico del auxiliado.

Respecto a <*acabar de* + infinitivo>, hemos defendido la denominación de *perífrasis de eventualidad reciente* y no la de *pasado reciente*, dado que puede expresar pasado con relación al momento de la enunciación, pero también con relación a un evento futuro, de modo que puede ser absoluta o relativa. Por este mismo motivo, indicábamos que Bres y Labeau (2015) hablaban de *perífrasis de anterioridad inmediata*.

Para cada una de las dos interpretaciones que manifiesta <*acabar de* + infinitivo>, hemos analizado las posibles restricciones tempo-aspectuales y de modo de acción. Comprobábamos que, en la lectura de eventualidad reciente, el auxiliar suele presentarse en formas de aspecto imperfectivo, presente y pretérito imperfecto de indicativo, mientras que en la interpretación de fase final no había restricciones, si bien las formas de aspecto aoristo son las más frecuentes. Comprobábamos, además, que cuando el auxiliar está en imperativo, la única interpretación es la terminativa o de fase final. Por otro lado, como perífrasis de eventualidad reciente, el auxiliar no suele aparecer en futuro ni en condicional y, cuando figura, la interpretación más frecuente es la de modalidad epistémica.

Por lo que respecta a la perífrasis <*dejar de* + infinitivo>, como hemos dicho es ambigua entre una interpretación de fase final y una interpretación de atenuación del evento.

En este capítulo hemos analizado también el comportamiento de una y otra perífrasis con la negación. Comprobábamos que, como perífrasis de eventualidad reciente, <*acabar de* + infinitivo> presenta un valor enfático, de modo que la negación incide en distintos elementos del enunciado. Sin embargo, como perífrasis de fase final, la negación da lugar a dos lecturas: una de acuerdo con la cual el evento no ha empezado y otra en la que se expresa que el evento no ha alcanzado la meta. En la determinación de una u otra el aspecto léxico del verbo auxiliado juega un papel fundamental. Respecto a la perífrasis <*dejar de* + infinitivo> y la negación, hemos comprobado que las dos interpretaciones posibles coinciden con las que tiene la propia perífrasis, esto es, bien de fase final, bien de atenuación. Comprobábamos, además, que <*dejar de* + infinitivo> manifiesta una restricción respecto al aspecto léxico del verbo auxiliado, ya que debe cumplir el rasgo [+durativo].

En la segunda parte del capítulo, nos hemos ocupado de <*acabar/terminar* + gerundio> y <*acabar/terminar por* + infinitivo>. Hemos defendido su clasificación como perífrasis con función discursiva, como estructuradores de la información, en particular ordenadores de cierre, con un valor similar al que manifiestan otros marcadores en español como *al final* o *finalmente*. Como ha quedado expuesto, esta clasificación no está exenta de discusión entre los estudiosos. Hemos hecho hincapié en la idea de que, si bien con relación a las otras dos perífrasis objeto de estudio en este capítulo, <*acabar de* + infinitivo> y <*dejar de* + infinitivo>, existe una diferencia clara en tanto que estas son aspectuales y las otras discursivas, debido a que comparten el mismo auxiliar, en el caso de *acabar* y su equivalente *terminar* cuando funciona como perífrasis terminativa, todas contienen la idea de un final, sea una fase del evento, sea una fase del discurso.

Por último, mostrábamos que las cuatro perífrasis discursivas carecen de restricciones desde el punto de vista del aspecto léxico, en lo que difieren de las perífrasis aspectuales <*acabar de* + infinitivo> y <*dejar de* + infinitivo>. Respecto a las restricciones de tiempo y aspecto gramatical, veíamos que no presenta, aunque los tiempos verbales de aspecto perfectivo son los más frecuentes.

Así pues, a través de estos cuatro capítulos hemos mostrado la existencia de fases en los eventos y la necesidad de distinguirlas para desarrollar un adecuado análisis de determinadas construcciones de la lengua.

# Referencias bibliográficas


Aparicio, Juan, Marta Coll-Florit e Irene Castellón (2014): "Perífrasis incoativas: aproximación cognitiva y estudio de corpus", en *Sintagma,* 26, pp. 73–88.

Arche, María Jesús (2016): "El aspecto léxico", en Javier Gutiérrez-Rexach (ed.): *Enciclopedia de Lingüística Hispánica,* New York: Routledge, pp. 405–415.

Auroux, Sylvain (1994): *La révolution technologique de la grammatisation*, Lieja: Mardaga.

Bach, Emmon (1986): "The algebra of events", *Linguistics and Philosophy*, 9, pp. 5–16.

Beavers, John (2013): "Aspectual classes and scales of change", en *Linguistics*, 51(4), pp. 681–706.

Bello, Andrés (1847): *Gramática de la lengua castellana destinada al uso de los americanos*, edición de Ramón Trujillo, 1981, Santa Cruz de Tenerife: Instituto Universitario de Lingüística Andrés Bello, cap. 28, "Significado de los tiempos".

Benavides, Carlos (2003): "La distribución del voseo en Hispanoamérica", en *Hispania*, vol. 86, nº 3, pp. 612–623.

Bertinetto, Pier Marco (1986): *Tempo, Aspetto e Azione nel Verbo Italiano*, Firenze: Accademia della Crusca.

Bertinetto, Pier Marco (1990): "Perifrasi verbali italiane, criteri di identificazione e gerarchia di perifrasticità", en G. Bernini y A. Giacalone Ramat (eds.): *La temporalità nell'acquisizione di lingue seconde*, Milano: Franco Angeli, pp. 331–350.

Bertinetto, Pier Marco (1994): "Statives, progressives and habituals", en *Linguistics*, 32, pp. 391–423. Publicado posteriormente en P. M. Bertinetto, *Il dominio tempo-aspettuale. Demarcazioni, intersezioni, contrasti*, Torino: Rosenberg & Sellier, 1997, pp. 61–93.

Bertinetto, Pier Marco (2001): "On a frequent misunderstanding in the temporal-aspectual domain: The 'Perfective = Telic Confusion'", en Carlo Cecchetto, Gennaro Chierchia y Maria Teresa Guasti (eds.): *Semantic Interfaces,* Stanford, California: CSLI Publications, pp. 177–210.

Bertinetto, Pier Marco y Mario Squartini (1995): “An Attempt at Defining the Class of ‘Gradual Completion Verbs’” en Pier Marco Bertinetto *et al.* (eds.): *Temporal Reference, Aspect and Actionality*, Torino: Rosenberg & Sellier, vol. 1, pp. 11–26.

Blanco y Sánchez, Rufino (1929): *Fundamentos de lengua castellana*, Madrid: Librería y casa editorial de Hernando, 2ª edición.

Borer, Hagit (2005): *Structuring Sense,* Oxford/New York: Oxford University Press.

Bosque, Ignacio (dir.) (2004): *Redes. Diccionario combinatorio del español contemporáneo*, Madrid: Ediciones SM.

Bosque, Ignacio (2006): “Presentación”, en Ignacio Bosque (dir.): *Diccionario combinatorio práctico del español contemporáneo. Las palabras en su contexto*, Madrid: SM.

Bosque, Ignacio y Javier Gutiérrez-Rexach (2009): *Fundamentos de sintaxis formal,* Madrid: Akal.

Bres, Jacques y Emmanuelle Labeau (2015): “*Venir de* (+ infinitive). An immediate anteriority marker in French”, en *Diachronica*, 32:4, pp. 530–570.

Brinton, Laurel J. (2008): “Where grammar and lexis meet: composite predicates in English”, en Elena Seoane y María José López-Couso (eds.): *Theoretical and Empirical issues in grammaticalization,* Amsterdam/Philadelphia: John Benjamins, pp. 33–53.

Briz, Antonio, Pons, Salvador y José Portolés (coords.) (2008): *Diccionario de partículas discursivas del español.* En línea: www.dpde.es.

Burgos, Daniel (2003): “<*Acabar de* + infinitivo> y <*recién* + Past>: Free variation or complementary distribution?”, en Claus D. Pusch y Andreas Wesch (eds.): *Verbalperiphrasen in den (ibero-) romanischen Sprachen*, Hamburgo: Helmut Buske Verlag, pp. 105–112.

Camus Bergareche, Bruno (2006): “<*Dejar de* + infinitivo>”, en Luis García Fernández (dir.) *et al.*: *Diccionario de perífrasis verbales*, Madrid: Gredos, pp. 117–120.

Carlson, Gregory N. (1977): *Reference to kinds in English*, tesis doctoral, Universidad de Massachusetts, Amherst.

Carrasco Gutiérrez, Ángeles (1998): *La correlación de tiempos en español*, tesis doctoral, Universidad Complutense de Madrid.

Carrasco Gutiérrez, Ángeles (2006a): “<*Arrancar a* + infinitivo>”, en Luis García Fernández (dir.) *et al.*: *Diccionario de perífrasis verbales,* Madrid: Gredos, pp. 91–92.

Carrasco Gutiérrez, Ángeles (2006b): “<*Comenzar a* + infinitivo>”, en Luis García Fernández (dir.) *et al.*: *Diccionario de perífrasis verbales*, Madrid: Gredos, pp. 103–105.

Carrasco Gutiérrez, Ángeles (2006c): “<*Empezar a* + infinitivo>”, en Luis García Fernández (dir.) *et al.*: *Diccionario de perífrasis verbales*, Madrid: Gredos, pp. 130–133.

Carrasco Gutiérrez, Ángeles (2006d): “<*Romper a* + infinitivo>”, en Luis García Fernández (dir.) *et al.*: *Diccionario de perífrasis verbales*, Madrid: Gredos, pp. 230–233.

Carrasco Gutiérrez, Ángeles (2006e): “<*Acabar de* + infinitivo> (1) y (2)”, en Luis García Fernández (dir.) *et al.*: *Diccionario de perífrasis verbales*, Madrid: Gredos, pp. 65–69 y 69–74.

Carrasco Gutiérrez, Ángeles (2011) (ed.): *Sobre estados y estatividad,* Muenchen: Lincom.

Corominas, Joan y José Antonio Pascual (1980): *Diccionario crítico etimológico de la lengua castellana*, Madrid: Gredos.

Coseriu, Eugenio (1976): *Das romanische Verbalsystem,* Tübingen: Gunter Narr Verlag, *Tübinger Beiträge zur Linguistik*, 66, 1976. [Editado por Hansbert Bertsch, de los apuntes del curso impartido por Coseriu en la Universidad de Tübingen, curso 1968–1969].

Cunha, Luís Felipe (1998): *As construções com progressivo no Português: uma abordagem semântica,* tesis doctoral, Facultad de Letras de la Universidad de Oporto.

Cunha, Luís Felipe (2011): “Phase states and their interaction with individual level and stage-level predicates”, en Carrasco Gutiérrez, Ángeles (2011) (ed.): *Sobre estados y estatividad,* Muenchen: Lincom, pp. 45–62.

Declerck, Renaat (1979): “Aspect and the bounded/unbounded (telic/atelic) distinction”, en *Linguistics*, 17, pp. 761–794.

De Miguel, Elena (1999): “El aspecto léxico”, en Ignacio Bosque y Violeta Demonte (coords.): *Gramática descriptiva de la lengua española*, Madrid: Espasa Calpe, vol. 2, cap. 46, pp. 2977–3060.

De Miguel, Elena y Marina Fernández Lagunilla (2000): “El operador aspectual *se*”, en *Revista Española de Lingüística*, 30, pp. 13–43.

De Mulder, Walter (2010): "La métaphore espace/temps à l'épreuve: l'évolution de *venir de*", en *Cahiers Chronos*, 21, pp. 65–83.
Dowty, David (1979): *Word meaning and Montague Grammar*, Dordrecht: Reidel.
Elvira, Javier (2006): "Aproximación al concepto de lexicalización", en Javier Rodríguez Molina y Daniel Sáez Rivera (coords.): *Diacronía, lengua española y lingüística: actas del IV Congreso nacional de la Asociación de Jóvenes Investigadores de Historiografía e Historia de la Lengua Española,* Madrid: Síntesis, pp. 21–42.
Enghels, Renata y Eugeen Roegiest (2013): "La causación negativa y el argumento causado: la sintaxis de *dejar* y *laisser* en contraste", en Emili Casanova Herrero y Cesáreo Calvo Rigual (coords.): *Actas del XXVI Congreso Internacional de Lingüística y Filología Románica*, II, Berlín: De Gruyter, pp. 159–170.
Enghels, Renata y Sven Vanhulle (2018): "El desarrollo de perífrasis incoativas cuasi-sinónimas: entre construccionalización y lexicalización", en *ELUA. Estudios de Lingüística,* Universidad de Alicante, 32, pp. 91–110.
Escandell, María Victoria y Manuel Leonetti (2002): "Coercion and the stage/individual distinction", en Javier Gutiérrez-Rexach (ed.): *From words to discourse. Trends in Spanish semantics and pragmatics,* New York: Elsevier, pp. 159–179.
Espinosa Elorza, Rosa María (2006): "Adverbios de cantidad, foco, polaridad y modalidad", en Concepción Company Company (coord.): *Sintaxis histórica de la lengua española,* vol. 2, tomo 1, pp. 939–1117.
Fábregas, Antonio (2002): "Los verbos de realización gradual: estructura léxica", en *Revista Española de Lingüística,* 32(2), pp. 475–506.
Felíu Arquiola, Elena (2009): "Palabras con estructura interna", en Elena de Miguel Aparicio (ed.): *Panorama de la lexicología,* Barcelona: Ariel, pp. 51–82.
Fenn, Peter (1987): *A Semantic and Pragmatic Examination of the English Perfect*, Tübingen: Gunter Narr Verlag.
Fente, Rafael, Jesús Fernández y Lope Feijóo (1979 [1972]): *Perífrasis verbales,* Madrid: Sociedad General Española de Librería, 3ª edición.

Fernández de Castro, Félix (1999): *Las perífrasis verbales en el español actual,* Madrid: Gredos.

Fernández Lagunilla, Marina y Elena De Miguel (1998): "La interfaz léxico-sintaxis: el clítico culminativo", en Elena de Miguel, Marina Fernández Lagunilla y Flavia Cartoni (eds.): *Sobre el lenguaje: miradas plurales y singulares,* Madrid: Arrecife. Ediciones de la Universidad Autónoma de Madrid.

Fernández Lagunilla, Marina y Elena De Miguel (1999): "Relaciones entre el léxico y la sintaxis: adverbios de foco y delimitadores aspectuales", en *Verba*, vol. 26, pp. 97–128.

Fernández Martín, Patricia (2019): *Las perífrasis verbales del español: una perspectiva histórica*, Madrid: Arco Libros.

Fogsgaard, Lene (2001): "Algunas perífrasis incoativas con *A + infinitivo*", en Susana Pastor Cesteros y Ventura Salazar: *Estudios de Lingüística,* Universidad de Alicante, pp. 247–260.

Fogsgaard, Lene (2002): *Algunas perífrasis aspectuales del español*, Alicante: Publicaciones de la Universidad de Alicante.

Fontanella de Weinberg, María Beatriz (1970): "Los auxiliares españoles", en *Anales del Instituto de Lingüística,* X, pp. 61–73.

Fontanella de Weinberg, María Beatriz (1977): "La constitución del paradigma pronominal de voseo", en *Thesaurus: Boletín del Instituto Caro y Cuervo,* tomo 32, nº 2, pp. 227–241.

Fuentes Rodríguez, Catalina (2009): *Diccionario de conectores y operadores del español,* Madrid: Arco Libros.

Garachana Camarero, Mar (1999): "Los procesos de gramaticalización", en *Moenia. Revista lucense de lingüística y literatura*, 5, pp. 155–172.

Garachana Camarero, Mar (2015): "Teoría de la gramaticalización. Estado de la cuestión", en José María García (dir.), Teresa Bastardín Candón y Manuel Rivas Zancarrón (coords.): *Actas del IX Congreso Internacional de Historia de la Lengua Española,* Madrid: Iberoamericana-Vervuert, pp. 331–360.

Garachana Camarero, Mar (2016): "Restricciones léxicas en la gramaticalización de las perífrasis verbales", en *Rilce* 32.1, pp. 134–158.

Garachana Camarero, Mar (2017): "Los límites de una categoría híbrida. Las perífrasis verbales", en Mar Garachana Camarero (ed.): *La gramática en la diacronía: la evolución de las perífrasis verbales modales en español*, Madrid: Vervuert Iberoamericana, pp. 35–80.

García Fernández, Luis (2000): *La gramática de los complementos temporales*, Madrid: Visor.
García Fernández, Luis (2006): "Introducción", en Luis García Fernández (dir.) *et al.*: *Diccionario de perífrasis verbales,* Madrid: Gredos, pp. 9–58.
García Fernández, Luis (2006) (dir.), Ángeles Carrasco Gutiérrez, Bruno Camus Bergareche, María Martínez-Atienza y M. Ángeles García García-Serrano: *Diccionario de perífrasis verbales,* Madrid: Gredos.
García Fernández, Luis (2011): "Algunas observaciones sobre *se* aspectual", en Juan Cuartero Otal, Luis García Fernández y Carsten Sinner (eds.): *Estudios sobre perífrasis y aspecto*, München: Peniope, pp. 43–71.
García Fernández, Luis y Ángeles Carrasco Gutiérrez (2008): "Perífrasis verbales con función de marcador del discurso. Contrarréplica a Olbertz (2007)", en *Verba*, 35, pp. 439–447.
García Fernández, Luis y Diego Gabriel Krivochen (2019): *Las perífrasis verbales en contraste,* Madrid: Arco/Libros.
García González, Javier (1992): *Perífrasis verbales,* Madrid: Sociedad General Española de Librería.
García Pérez, Rafael (2013): "La evolución de los adverbios de foco en español: adverbios focalizadores de exclusión, inclusión y aproximación", en María Pilar Garcés Gómez (ed.): *Los adverbios con función discursiva. Procesos de formación y evolución*, Madrid-Frankfurt am Main: Iberoamericana-Vervuert, pp. 317–388.
Garrido Medina, Joaquín (1991): "Gestión semántica de la información pragmática en los adverbios de cambio 'todavía' y 'ya'", en *Exploraciones semánticas y pragmáticas del español*, pp. 11–28.
Garrido Medina, Joaquín (1992): "Expectations in Spanish and German Adverbs of Change", en *Folia Linguistica*, 26: 3–4, pp. 357–402.
Gavarró, Anna y Brenda Laca (2002): "Les perífrasis temporals, aspectuals i modals", en Joan Solá *et al.* (dirs.): *Gramàtica del català contemporani, 2. Sintaxi (17–31),* Barcelona: Editorial Empúries, 3ª edición, capítulo 23.
Gili Gaya, Samuel (1973 [1943]): *Curso superior de sintaxis española*, Barcelona: Bibliograf.

Girón Alconchel, José Luis (2014): "Presentación", en José Luis Girón Alconchel y Daniel Sáez Rivera (eds.): *Procesos de gramaticalización en la historia del español*, Madrid/Frankfurt: Iberoamericana-Vervuert, pp. 9–22.
Girón Alconchel, José Luis (2018): "Gramaticalización y gramatización en la historia del español", en María Luisa Arnal Purroy *et al.* (coords.): *Actas del X Congreso Internacional de Historia de la Lengua Española*, Zaragoza: Institución Fernando el Católico, vol. 1, pp. 321–330.
Gómez Torrego, Leonardo (1988): *Perífrasis verbales. Sintaxis, semántica y estilística,* Madrid: Arco Libros.
Gómez Torrego, Leonardo (1999): "Los verbos auxiliares. Las perífrasis verbales de infinitivo", en Ignacio Bosque y Violeta Demonte: *Gramática descriptiva de la lengua española*, Madrid: Espasa Calpe, vol. II, pp. 3323–3390.
Gougenheim, Georges (1971 [1929]): *Etudes sur les périphrases verbales de la langue française*, París: Nizet.
Hale, Ken y Samuel J. Keyser (1993): "On Argument Structure and the Lexical Expression of Syntactic Relations", en Ken Hale y Samuel J. Keyser (eds.): *The View from Building 20,* Cambridge, Massachusetts: MIT Press, pp. 53–109.
Havu, Jukka (1997): *La constitución temporal del sintagma verbal en el español moderno*, Helsinki: Academia Scientiarum Fennica.
Havu, Jukka (2005): "L'expression du passé récent en français: observations sur l'emploi de la périphrase *venir* + INFINITIF", en Hava Bat-Zeev Shyldkrot y Nicole Le Querler (eds.): *A la quête du sens, en hommage à Christiane Marcello-Nizia*, Lyon: ENS Editions, pp. 93–105.
Havu, Jukka (2011): "La evolución de la perífrasis del pasado reciente *acabar de* + infinitivo", en Juan Cuartero Otal, Luis García Fernández y Carsten Sinner (eds.): *Estudios sobre perífrasis y aspecto*, München: Peniope, pp. 158–179.
Higginbotham, James (2009): "Accomplishments", en *Tense, Aspect, and Indexicality*, Oxford: Oxford Studies in Theoretical Linguistics, cap. 7, pp. 116–125.
Iatridou, Sabine, Elena Anagnostopoulou y Roumyana Izvorski (2001): "Observations about the form and meaning of the Perfect", en

M. Kenstowick (ed.): *Ken Hale: a Life in Language*, Cambridge/ Massachusetts: MIT Press, pp. 189–238. Publicado posteriormente en Artemis Alexiadou, Monika Rathert y Arnim von Stechow (2003) (eds.): *Perfect Explorations*, Berlin/New York: Mouton de Gruyter. Cito por la primera edición.

Jaque Hidalgo, Matías (2014): *La expresión de la estatividad en español: niveles de representación y grados de dinamicidad,* tesis doctoral, Universidad Autónoma de Madrid.

Jackendoff, Ray S. (1990): *Semantics Structures,* Cambridge, Massachusetts: MIT Press.

Jackendoff, Ray S. (1996): "The Proper Treatment of Measuring our Telicity, and perhaps even Quantification in English", en *Natural Language and Linguistic Theory,* 14, pp. 305–354.

Klein, Wolfgang (1992): "The Present Perfect Puzzle", en *Language*, 68: 3, 525–552.

Klein, Wolfgang (1994): *Time in Language,* London/New York: Routledge.

Koktová, Eva (1986): *Sentence Adverbials in a Functional Description,* Amsterdam/Philadelphia: John Benjamins.

Kovacci, Ofelia (1999): "El adverbio", en Ignacio Bosque y Violeta Demonte (eds.): *Gramática Descriptiva de la Lengua Española*, Madrid: Espasa Calpe, cap. 11, pp. 705–786.

Kratzer, Angelika (1995): "Stage-level and Individual-level predicates", en Greg Carlson y Francis Pelletier (eds.): *The Generic Book*, Chicago: The University of Chicago Press, pp. 176–223.

Kuno, Susumu (1972): "Functional Sentence Perspective: A Case Study from Japanese and English", en *Linguistic Inquiry,* 3, pp. 269–320.

Lakoff, George (1966): "Stative, adjectives and verbs", en *Harvard Computation Laboratory Report*, nº NSF-17.

Landman, Fred (1991): *Structures for Semantics,* Dordrecht: Kluwer Academic Publishers.

Lehmann, Christian (1985): "Grammaticalization: synchronic variation and diachronic change", en *Lingua e Stile* 20, pp. 303–318.

Lenz, Rodolfo (1944 [1920]): *La oración y sus partes. Estudios de Gramática general y castellana*, Santiago de Chile: Ed. Nascimento, 4ª edición.

Levin, Beth y Malka Rappaport-Hovav (2005): *Argument realization,* Cambridge: Cambridge University Press.

Marín, Rafael (2011): "Casi todos los predicados psicológicos son estativos", en Ángeles Carrasco Gutiérrez (ed.): *Sobre estados y estatividad*, Muenchen: Lincom, pp. 26–44.

Marín, Rafael y Louise McNally (2011): "Inchoativity, change of state, and telicity: evidence from Spanish reflexive psychological verbs", en *Natural Language and Linguistic Theory*, 29, pp. 467–502.

Martín Zorraquino, María Antonia y José Portolés Lázaro (1999): "Los marcadores del discurso", en Ignacio Bosque y Violeta Demonte (eds.): *Gramática Descriptiva de la Lengua Española,* Madrid: Espasa Calpe, cap. 63, pp. 4051–4213.

Martínez-Atienza, María (2004): "La expresión de la habitualidad en español", en Luis García Fernández y Bruno Camus Bergareche (eds.): *El pretérito imperfecto,* Madrid: Gredos, pp. 346–378.

Martínez-Atienza, María (2006a): "<*Acabar* + gerundio>", en Luis García Fernández (dir.) *et al.*: *Diccionario de perífrasis verbales,* Madrid: Gredos, pp. 59–65.

Martínez-Atienza, María (2006b): "<*Acabar por* + infinitivo>", en Luis García Fernández (dir.) *et al.*: *Diccionario de perífrasis verbales*, Madrid: Gredos, pp. 74–75.

Martínez-Atienza, María (2006c): "<*Terminar* + gerundio>", en Luis García Fernández (dir.) *et al.*: *Diccionario de perífrasis verbales*, Madrid: Gredos, pp. 261–264.

Martínez-Atienza, María (2006d): "<*Terminar por* + infinitivo>", en Luis García Fernández (dir.) *et al.*: *Diccionario de perífrasis verbales*, Madrid: Gredos, pp. 265–266.

Martínez-Atienza, María (2012): *Temporalidad, aspectualidad y modo de acción. Formas verbales y complementos temporales en español y su contraste con otras lenguas,* Muenchen: Lincom.

Martínez-Atienza, María (2014): "Restricciones de aspecto léxico impuestas por los complementos temporales en español", en *Verba*, 41, pp. 279–302.

Martínez-Atienza de Dios, María (2016): "El tratamiento de las perífrasis verbales en gramáticas españolas de la primera mitad del siglo XX (1905–1953)", en *Pragmalingüística,* 24, 154–168.

Martínez-Atienza, María (2017a): "Valor de eventualidad reciente y valor terminativo de la perífrasis <*acabar de* + infinitivo> y su contraste con el italiano. Gramatización en un corpus lexicográfico", en *Tonos digital*, 32, pp. 1–25.

Martínez-Atienza, María (2017b): "La combinación de <*acabar de* + infinitivo> con otras perífrasis aspectuales y modales en español e italiano", en *Moenia. Revista lucense de lingüística y literatura*, 23, pp. 447–460.

Martínez-Atienza, María y Alfonso Zamorano Aguilar (2020): "Teoría lingüística y enseñanza-aprendizaje de E/LE: análisis metodológico, terminológico y conceptual del futuro simple de indicativo", en *Círculo de Lingüística Aplicada a la Comunicación*, 81, pp. 181–208.

McCawley, John (1971): "Tense and time reference in English", en Charles Fillmore y D. Terence Langendoen (eds.): *Studies in linguistic semantics*, New York: Holt and Rinehart Winston, pp. 96–113.

Merchán Aravid, Nuria (2017): "Verbos denominales incoativos en español", en *Moenia. Revista lucense de lingüística y literatura,* 23, pp. 29–60.

McCoard, Robert W. (1978): *The English Perfect: Tense-Choice and Pragmatics Inferences*, Amsterdam/New York/Oxford: North-Holland Publishing Company.

Mendikoetxea, Amaya (1999): "Construcciones con *se*: medias, pasivas e impersonales", en Ignacio Bosque y Violeta Demonte: (eds.): *Gramática Descriptiva de la Lengua Española*, Madrid: Espasa Calpe, vol. II, cap. 26, pp. 1631–1722.

Mittwoch, Anita (1995): "The English Perfect, Past Perfect and Future Perfect in a Neo-Reichenbachian Framework", en Pier Marco Bertinetto, Valentina Bianchi, James Higginbotham y Mario Squartini (eds.): *Temporal Reference, Aspect and Actionality, vol.2: Typological Perspectives*, Torino: Rosenberg & Sellier, pp. 255–267.

Morera, Marcial (1991): *Diccionario crítico de las perífrasis verbales del español,* Puerto del Rosario: Servicio de Publicaciones del Cabildo Insular de Fuerteventura.

Morimoto, Yuko (2001): *Los verbos de movimiento*, Madrid: Visor Libros.

Morimoto, Yuko (2011): "El control en los predicados estativos", en Ángeles Carrasco Gutiérrez (ed.): *Sobre estados y estatividad*, Muenchen: Lincom, pp. 122–141.

Myhill, John (1988): "The grammaticalization of auxiliaries: Spanish clitic climbing", en *Proceedings of the Fourteenth Annual Meeting of the Berkeley Linguistics Society,* 14, pp. 352–363.

Narbona, Antonio (1984): "Construcciones pronominales transitivas no reflexivas en español", en *Alfinge*, 2, pp. 164–189.

Olbertz, Hella (1998): *Verbal Periphrases in a Functional Grammar of Spanish,* Berlin/New York: Mouton de Gruyter.

Olbertz, Hella (2007): "¿Perífrasis verbales con función de marcador de discurso? A propósito del *Diccionario de perífrasis verbales*", en *Verba*, 34, pp. 381–390.

Olbertz, Hella (2016): "Lexical auxiliaries in Spanish: How and why?", en *Linguistics*, 54(5), pp. 947–979.

Pérez Jiménez, Isabel y Norberto Moreno Quibén (2007): "¿Son todos los verbos inacusativos aspectualmente télicos en español?: el papel de la telicidad en la interficie léxico sintaxis", en Pablo Cano López (coord.): *Actas del VI Congreso de Lingüística General,* Madrid: Arco Libros, vol. 2, tomo 1, pp. 1807–1820.

Pustejovsky, James (1991): "The Syntax of Event Structure", en Beth Levin y Samuel Pinker (eds.): *Lexical and Conceptual Structure*, Oxford: Blackwell, pp. 47–81.

Pustejovsky, James (1995): *The Generative Lexicon*, Cambridge-Massachusetts: MIT Press.

Quevedo García, Claudia (2019): *Las perífrasis verbales en español: construcciones con el auxiliar* Acabar, tesis doctoral, Universidad Complutense de Madrid.

Ramchand, Gillian C. (2008): *Verb meaning and the lexicon: a first-phase syntax,* Cambridge: Cambridge University Press.

Rappaport Hovav, Malka (2014): "Building scalar changes", en Artemis Alexiadou, Hagit Borer y Florian Schäfer (eds.): *The syntax of roots and the roots of syntax,* Oxford: Oxford University Press, pp. 259–81.

Real Academia Española (1920): *Gramática de la lengua castellana*, Madrid: Perlado, Páez y Compañía (Sucesores de Hernando), nueva ed. [31ª], reformada.

Real Academia Española (1931): *Gramática de la lengua española*, Bilbao/Madrid/Barcelona: Espasa Calpe, S.A., nueva ed. [34ª], reformada.
Real Academia Española y Asociación de Academias de la Lengua Española (2009): *Nueva Gramática de la lengua española,* Madrid: Espasa Calpe.
Real Academia Española (2014): *Diccionario de la lengua española (DLE),* Madrid: Espasa Calpe, 23ª edición. Consulta en línea: https://dle.rae.es/
Real Academia Española: *Corpus del Español del siglo XXI (CORPES XXI).* Disponible en: https://www.rae.es/recursos/banco-de-datos/corpes-xxi
Rigau, Gemma (1994): "Les propietats dels verbs pronominals", en *Els Marges*, 50, pp. 29–39.
Rodríguez Ramalle, Teresa María (2001): "Los adverbios de manera como predicados de los subeventos verbales", en *Revista Española de Lingüística*, 31(1), pp. 107–143.
Sanz Lodre, León (1939): *Tratado de Gramática española con análisis gramatical. Contiene numerosos ejemplos y ejercicios prácticos de análisis gramatical detallado, conforme debe hacerse en exámenes y oposiciones*, Zaragoza: T. E. "El Noticiero", 4ª edición, corregida y ampliada.
Sánchez López, Cristina (2002): "Las construcciones con *se*. Estado de la cuestión", en Cristina Sánchez López (ed.): *Las construcciones con* se, Madrid: Visor, pp. 18–163.
Sanz, Montserrat (1995): "Telic clitics in Spanish", Ms. University of Rocherster.
Sanz, Montserrat e Itziar Laka (2002): "Oraciones transitivas con *se*: el modo de acción en la sintaxis", en Cristina Sánchez López (ed.): *Las construcciones con* se, Madrid: Visor, pp. 311–338.
Saralegui Platero, Carmen (1986): "Aproximación al voseo hispanoamericano", en *Rilce. Revista de filología hispánica*, 2(2), pp. 277–288.
Smith, Carlota S. (1991): *The parameter of Aspect*, Dordrecht/Boston/London: Kluwer Academic Publishers.
Tenny, Carol (1994): *Aspectual Roles and the Syntax-Semantics Interface,* Dordrecht: Kluwer.

Torres Cacoullos, Rena (1999): "Construction frequency and reductive change: Diachronic and register variation in Spanish clitic climbing", en *Language Variation and Change*, 11, pp. 143–170.

Travis, Lisa (2000): "Event Structure in Syntax", en Carol Tenny y James Pustejovsky (eds.): *Events as Grammatical Objects,* Standford, California: CSLI, pp. 145–185.

Varela Ortega, Soledad (2005): "Lexicalización y cambio gramatical", en Luis Santos Río (coord.): *Palabras, norma, discurso: en memoria de Fernando Lázaro Carreter,* Salamanca: Ediciones de la Universidad de Salamanca, pp. 1133–1146.

Vendler, Zeno (1957): "Verbs and Times", en *Philosophical Review*, 66, pp. 143–160. Reproducido en Zeno Vendler, *Linguistics and Philosophy*, Ithaca-New York: Cornwell University Press, 1967, pp. 97–121. Citamos por la primera edición.

Vetters, Carl (2002): "Remarques sur l'analyse reichenbachienne des temps verbaux", en *Romanica Wratislaviensia*, 49, pp. 93–132.

Veyrat-Rigat, Montserrat (1994): "La perífrasis verbal '*acabar de + infinitivo*' y la resolución de su ambigüedad", en *Vox Romanica*, 53, pp. 238–252.

Yllera, Alicia (1980): *Sintaxis histórica del verbo español: las perífrasis medievales,* Zaragoza: Universidad de Zaragoza.

Yllera, Alicia (1999): "Las perífrasis verbales de gerundio y participio", en Ignacio Bosque y Violeta Demonte (eds.): *Gramática Descriptiva de la Lengua Española*, Madrid: Espasa Calpe, cap. 52, pp. 3391–3441.

Zagona, Karen (1996): "Compositionality of aspect: Evidence from Spanish aspectual *se*", en Claudia Parodi, Carlos Quicoli, Mario Saltarelli y Maria Luisa Zubizarreta (eds.): *Aspects of Romance linguistics: Selected papers from the Linguistic Symposium on Romance Languages*, 24, pp. 475–488. Washington: Georgetown University Press.

Zamorano Aguilar, Alfonso y María Martínez-Atienza (2014): "Valores prototípicos y no prototípicos del pretérito imperfecto en español. Su hipótesis como focalizador de la enunciación", en Susana Aspiazu (ed.): *Formas simples y compuestas de pasado en el verbo español*, Lugo: Axac, pp. 179–194.

Zamorano Aguilar, Alfonso y María Martínez-Atienza (2018): "La forma *amaba* en las gramáticas de español como lengua extranjera: propuestas teóricas y contraste de corpus", en *SIGNA. Revista de la Asociación Española de Semiótica*, UNED, 27, pp. 1151–1180.

Zamorano Aguilar, Alfonso y María Martínez-Atienza (2020): "La unidad verbal *amaría* en las gramáticas de E/LE: teorías lingüísticas subyacentes, terminología, valores y categorización", en *Revista española de Lingüística aplicada (RESLA),* 33.2.

# Linguistic Insights

Studies in Language and Communication

This series aims to promote specialist language studies in the fields of linguistic theory and applied linguistics, by publishing volumes that focus on specific aspects of language use in one or several languages and provide valuable insights into language and communication research. A cross-disciplinary approach is favoured and most European languages are accepted.

The series includes two types of books:

- Monographs – featuring in-depth studies on special aspects of language theory, language analysis or language teaching.
- Collected papers – assembling papers from workshops, conferences or symposia.

Each volume of the series is subjected to a double peer-reviewing process.

Vol. 1 Maurizio Gotti & Marina Dossena (eds)
Modality in Specialized Texts. Selected Papers of the 1st CERLIS Conference.
421 pages. 2001. ISBN 3-906767-10-8 · US-ISBN 0-8204-5340-4

Vol. 2 Giuseppina Cortese & Philip Riley (eds)
Domain-specific English. Textual Practices across Communities and Classrooms.
420 pages. 2002. ISBN 3-906768-98-8 · US-ISBN 0-8204-5884-8

Vol. 3 Maurizio Gotti, Dorothee Heller & Marina Dossena (eds)
Conflict and Negotiation in Specialized Texts. Selected Papers of the 2nd CERLIS Conference.
470 pages. 2002. ISBN 3-906769-12-7 · US-ISBN 0-8204-5887-2

Vol. 4 Maurizio Gotti, Marina Dossena, Richard Dury, Roberta Facchinetti & Maria Lima
Variation in Central Modals. A Repertoire of Forms and Types of Usage in Middle English and Early Modern English.
364 pages. 2002. ISBN 3-906769-84-4 · US-ISBN 0-8204-5898-8

***Editorial address:***

Prof. Maurizio Gotti Università di Bergamo, Dipartimento di Lingue, Letterature e Culture Straniere Piazza Rosate 2, 24129 Bergamo, Italy
Fax: +39 035 2052789, E-Mail: m.gotti@unibg.it

Vol. 5 Stefania Nuccorini (ed.)
Phrases and Phraseology. Data and Descriptions.
187 pages. 2002. ISBN 3-906770-08-7 · US-ISBN 0-8204-5933-X

Vol. 6 Vijay Bhatia, Christopher N. Candlin & Maurizio Gotti (eds)
Legal Discourse in Multilingual and Multicultural Contexts.
Arbitration Texts in Europe.
385 pages. 2003. ISBN 3-906770-85-0 · US-ISBN 0-8204-6254-3

Vol. 7 Marina Dossena & Charles Jones (eds)
Insights into Late Modern English. 2nd edition.
378 pages. 2003, 2007.
ISBN 978-3-03911-257-9 · US-ISBN 978-0-8204-8927-8

Vol. 8 Maurizio Gotti
Specialized Discourse. Linguistic Features and Changing Conventions.
351 pages. 2003, 2005.
ISBN 3-03910-606-6 · US-ISBN 0-8204-7000-7

Vol. 9 Alan Partington, John Morley & Louann Haarman (eds)
Corpora and Discourse.
420 pages. 2004. ISBN 3-03910-026-2 · US-ISBN 0-8204-6262-4

Vol. 10 Martina Möllering
The Acquisition of German Modal Particles. A Corpus-Based Approach.
290 pages. 2004. ISBN 3-03910-043-2 · US-ISBN 0-8204-6273-X

Vol. 11 David Hart (ed.)
English Modality in Context. Diachronic Perspectives.
261 pages. 2003. ISBN 3-03910-046-7 · US-ISBN 0-8204-6852-5

Vol. 12 Wendy Swanson
Modes of Co-reference as an Indicator of Genre.
430 pages. 2003. ISBN 3-03910-052-1 · US-ISBN 0-8204-6855-X

Vol. 13 Gina Poncini
Discursive Strategies in Multicultural Business Meetings.
2nd edition. 338 pages. 2004, 2007.
ISBN 978-3-03911-296-8 · US-ISBN 978-0-8204-8937-7

Vol. 14 Christopher N. Candlin & Maurizio Gotti (eds)
Intercultural Aspects of Specialized Communication.
2nd edition. 369 pages. 2004, 2007.
ISBN 978-3-03911-258-6 · US-ISBN 978-0-8204-8926-1

Vol. 15 Gabriella Del Lungo Camiciotti & Elena Tognini Bonelli (eds)
Academic Discourse. New Insights into Evaluation.
234 pages. 2004. ISBN 3-03910-353-9 · US-ISBN 0-8204-7016-3

Vol. 16 Marina Dossena & Roger Lass (eds)
Methods and Data in English Historical Dialectology.
405 pages. 2004. ISBN 3-03910-362-8 · US-ISBN 0-8204-7018-X

Vol. 17 Judy Noguchi
The Science Review Article. An Opportune Genre in
the Construction of Science.
274 pages. 2006. ISBN 3-03910-426-8 · US-ISBN 0-8204-7034-1

Vol. 18 Giuseppina Cortese & Anna Duszak (eds)
Identity, Community, Discourse. English in Intercultural Settings.
495 pages. 2005. ISBN 3-03910-632-5 · US-ISBN 0-8204-7163-1

Vol. 19 Anna Trosborg & Poul Erik Flyvholm Jørgensen (eds)
Business Discourse. Texts and Contexts.
250 pages. 2005. ISBN 3-03910-606-6 · US-ISBN 0-8204-7000-7

Vol. 20 Christopher Williams
Tradition and Change in Legal English. Verbal Constructions in Prescriptive Texts.
2nd revised edition. 216 pages. 2005, 2007. ISBN 978-3-03911-444-3.

Vol. 21 Katarzyna Dziubalska-Kolaczyk & Joanna Przedlacka (eds)
English Pronunciation Models: A Changing Scene.
2nd edition. 476 pages. 2005, 2008. ISBN 978-3-03911-682-9.

Vol. 22 Christián Abello-Contesse, Rubén Chacón-Beltrán, M. Dolores López-Jiménez & M. Mar Torreblanca-López (eds)
Age in L2 Acquisition and Teaching.
214 pages. 2006. ISBN 3-03910-668-6 · US-ISBN 0-8204-7174-7

Vol. 23 Vijay K. Bhatia, Maurizio Gotti, Jan Engberg & Dorothee Heller (eds)
Vagueness in Normative Texts.
474 pages. 2005. ISBN 3-03910-653-8 · US-ISBN 0-8204-7169-0

Vol. 24 Paul Gillaerts & Maurizio Gotti (eds)
Genre Variation in Business Letters. 2nd printing.
407 pages. 2008. ISBN 978-3-03911-681-2.

Vol. 25 Ana María Hornero, María José Luzón & Silvia Murillo (eds)
Corpus Linguistics. Applications for the Study of English.
2nd printing. 526 pages. 2006, 2008. ISBN 978-3-03911-726-0

Vol. 26 J. Lachlan Mackenzie & María de los Ángeles Gómez-González (eds)
Studies in Functional Discourse Grammar.
259 pages. 2005. ISBN 3-03910-696-1 · US-ISBN 0-8204-7558-0

Vol. 27 Debbie G. E. Ho
Classroom Talk. Exploring the Sociocultural Structure of Formal ESL Learning.
2nd edition. 254 pages. 2006, 2007. ISBN 978-3-03911-434-4

Vol. 28 Javier Pérez-Guerra, Dolores González-Álvarez, Jorge L. Bueno-Alonso & Esperanza Rama-Martínez (eds)
'Of Varying Language and Opposing Creed'. New Insights into Late Modern English.
455 pages. 2007. ISBN 978-3-03910-788-9

Vol. 29 Francesca Bargiela-Chiappini & Maurizio Gotti (eds)
Asian Business Discourse(s).
350 pages. 2005. ISBN 3-03910-804-2 · US-ISBN 0-8204-7574-2

Vol. 30 Nicholas Brownlees (ed.)
News Discourse in Early Modern Britain. Selected Papers of CHINED 2004.
300 pages. 2006. ISBN 3-03910-805-0 · US-ISBN 0-8204-8025-8

Vol. 31 Roberta Facchinetti & Matti Rissanen (eds)
Corpus-based Studies of Diachronic English.
300 pages. 2006. ISBN 3-03910-851-4 · US-ISBN 0-8204-8040-1

Vol. 32 Marina Dossena & Susan M. Fitzmaurice (eds)
Business and Official Correspondence. Historical Investigations.
209 pages. 2006. ISBN 3-03910-880-8 · US-ISBN 0-8204-8352-4

Vol. 33 Giuliana Garzone & Srikant Sarangi (eds)
Discourse, Ideology and Specialized Communication.
494 pages. 2007. ISBN 978-3-03910-888-6

Vol. 34 Giuliana Garzone & Cornelia Ilie (eds)
The Use of English in Institutional and Business Settings.
An Intercultural Perspective.
372 pages. 2007. ISBN 978-3-03910-889-3

Vol. 35 Vijay K. Bhatia & Maurizio Gotti (eds)
Explorations in Specialized Genres.
316 pages. 2006. ISBN 3-03910-995-2 · US-ISBN 0-8204-8372-9

Vol. 36 Heribert Picht (ed.)
Modern Approaches to Terminological Theories and Applications.
432 pages. 2006. ISBN 3-03911-156-6 · US-ISBN 0-8204-8380-X

Vol. 37 Anne Wagner & Sophie Cacciaguidi-Fahy (eds)
Legal Language and the Search for Clarity / Le langage juridique et la quête de clarté. Practice and Tools / Pratiques et instruments.
487 pages. 2006. ISBN 3-03911-169-8 · US-ISBN 0-8204-8388-5

Vol. 38 Juan Carlos Palmer-Silveira, Miguel F. Ruiz-Garrido & Inmaculada Fortanet-Gómez (eds)
Intercultural and International Business Communication.
Theory, Research and Teaching.
2nd edition. 343 pages. 2006, 2008. ISBN 978-3-03911-680-5

Vol. 39 Christiane Dalton-Puffer, Dieter Kastovsky, Nikolaus Ritt & Herbert Schendl (eds)
Syntax, Style and Grammatical Norms. English from 1500–2000.
250 pages. 2006. ISBN 3-03911-181-7 · US-ISBN 0-8204-8394-X

Vol. 40 Marina Dossena & Irma Taavitsainen (eds)
Diachronic Perspectives on Domain-Specific English.
280 pages. 2006. ISBN 3-03910-176-0 · US-ISBN 0-8204-8391-5

Vol. 41 John Flowerdew & Maurizio Gotti (eds)
Studies in Specialized Discourse.
293 pages. 2006. ISBN 3-03911-178-7

Vol. 42 Ken Hyland & Marina Bondi (eds)
Academic Discourse Across Disciplines.
320 pages. 2006. ISBN 3-03911-183-3 · US-ISBN 0-8204-8396-6

Vol. 43 Paul Gillaerts & Philip Shaw (eds)
The Map and the Landscape. Norms and Practices in Genre.
256 pages. 2006. ISBN 3-03911-182-5 · US-ISBN 0-8204-8395-4

Vol. 44 Maurizio Gotti & Davide Giannoni (eds)
New Trends in Specialized Discourse Analysis.
301 pages. 2006. ISBN 3-03911-184-1 · US-ISBN 0-8204-8381-8

Vol. 45 Maurizio Gotti & Françoise Salager-Meyer (eds)
Advances in Medical Discourse Analysis. Oral and Written Contexts.
492 pages. 2006. ISBN 3-03911-185-X · US-ISBN 0-8204-8382-6

Vol. 46 Maurizio Gotti & Susan Šarcević (eds)
Insights into Specialized Translation.
396 pages. 2006. ISBN 3-03911-186-8 · US-ISBN 0-8204-8383-4

Vol. 47 Khurshid Ahmad & Margaret Rogers (eds)
Evidence-based LSP. Translation, Text and Terminology.
584 pages. 2007. ISBN 978-3-03911-187-9

Vol. 48 Hao Sun & Dániel Z. Kádár (eds)
It's the Dragon's Turn. Chinese Institutional Discourses.
262 pages. 2008. ISBN 978-3-03911-175-6

Vol. 49 Cristina Suárez-Gómez
Relativization in Early English (950-1250). the Position of Relative Clauses.
149 pages. 2006. ISBN 3-03911-203-1 · US-ISBN 0-8204-8904-2

Vol. 50 Maria Vittoria Calvi & Luisa Chierichetti (eds)
Nuevas tendencias en el discurso de especialidad.
319 pages. 2006. ISBN 978-3-03911-261-6

Vol. 51 Mari Carmen Campoy & María José Luzón (eds)
Spoken Corpora in Applied Linguistics.
274 pages. 2008. ISBN 978-3-03911-275-3

Vol. 52 Konrad Ehlich & Dorothee Heller (Hrsg.)
Die Wissenschaft und ihre Sprachen.
323 pages. 2006. ISBN 978-3-03911-272-2

Vol. 53 Jingyu Zhang
The Semantic Salience Hierarchy Model. The L2 Acquisition of Psych Predicates
273 pages. 2007. ISBN 978-3-03911-300-2

Vol. 54 Norman Fairclough, Giuseppina Cortese & Patrizia Ardizzone (eds)
Discourse and Contemporary Social Change.
555 pages. 2007. ISBN 978-3-03911-276-0

Vol. 55 Jan Engberg, Marianne Grove Ditlevsen, Peter Kastberg & Martin Stegu (eds)
New Directions in LSP Teaching.
331 pages. 2007. ISBN 978-3-03911-433-7

Vol. 56 Dorothee Heller & Konrad Ehlich (Hrsg.)
Studien zur Rechtskommunikation.
322 pages. 2007. ISBN 978-3-03911-436-8

Vol. 57 Teruhiro Ishiguro & Kang-kwong Luke (eds)
Grammar in Cross-Linguistic Perspective.
The Syntax, Semantics, and Pragmatics of Japanese and Chinese.
304 pages. 2012. ISBN 978-3-03911-445-0

Vol. 58 Carmen Frehner
Email – SMS – MMS
294 pages. 2008. ISBN 978-3-03911-451-1

Vol. 59 Isabel Balteiro
The Directionality of Conversion in English. A Dia-Synchronic Study.
276 pages. 2007. ISBN 978-3-03911-241-8

Vol. 60 Maria Milagros Del Saz Rubio
English Discourse Markers of Reformulation.
237 pages. 2007. ISBN 978-3-03911-196-1

Vol. 61 Sally Burgess & Pedro Martín-Martín (eds)
English as an Additional Language in Research Publication and Communication.
259 pages. 2008. ISBN 978-3-03911-462-7

Vol. 62 Sandrine Onillon
Pratiques et représentations de l'écrit.
458 pages. 2008. ISBN 978-3-03911-464-1

Vol. 63 Hugo Bowles & Paul Seedhouse (eds)
Conversation Analysis and Language for Specific Purposes.
2nd edition. 337 pages. 2007, 2009. ISBN 978-3-0343-0045-2

Vol. 64 Vijay K. Bhatia, Christopher N. Candlin & Paola Evangelisti Allori (eds)
Language, Culture and the Law.
The Formulation of Legal Concepts across Systems and Cultures.
342 pages. 2008. ISBN 978-3-03911-470-2

Vol. 65 Jonathan Culpeper & Dániel Z. Kádár (eds)
Historical (Im)politeness.
300 pages. 2010. ISBN 978-3-03911-496-2

Vol. 66 Linda Lombardo (ed.)
Using Corpora to Learn about Language and Discourse.
237 pages. 2009. ISBN 978-3-03911-522-8

Vol. 67 Natsumi Wakamoto
Extroversion/Introversion in Foreign Language Learning.
Interactions with Learner Strategy Use.
159 pages. 2009. ISBN 978-3-03911-596-9

Vol. 68 Eva Alcón-Soler (ed.)
Learning How to Request in an Instructed Language Learning Context.
260 pages. 2008. ISBN 978-3-03911-601-0

Vol. 69 Domenico Pezzini
The Translation of Religious Texts in the Middle Ages.
428 pages. 2008. ISBN 978-3-03911-600-3

Vol. 70 Tomoko Tode
Effects of Frequency in Classroom Second Language Learning.
Quasi-experiment and stimulated-recall analysis.
195 pages. 2008. ISBN 978-3-03911-602-7

Vol. 71 Egor Tsedryk
Fusion symétrique et alternances ditransitives.
211 pages. 2009. ISBN 978-3-03911-609-6

Vol. 72 Cynthia J. Kellett Bidoli & Elana Ochse (eds)
English in International Deaf Communication.
444 pages. 2008. ISBN 978-3-03911-610-2

Vol. 73 Joan C. Beal, Carmela Nocera & Massimo Sturiale (eds)
Perspectives on Prescriptivism.
269 pages. 2008. ISBN 978-3-03911-632-4

Vol. 74 Carol Taylor Torsello, Katherine Ackerley & Erik Castello (eds)
Corpora for University Language Teachers.
308 pages. 2008. ISBN 978-3-03911-639-3

Vol. 75 María Luisa Pérez Cañado (ed.)
English Language Teaching in the European Credit Transfer System.
Facing the Challenge.
251 pages. 2009. ISBN 978-3-03911-654-6

Vol. 76 Marina Dossena & Ingrid Tieken-Boon van Ostade (eds)
Studies in Late Modern English Correspondence. Methodology and Data.
291 pages. 2008. ISBN 978-3-03911-658-4

Vol. 77 Ingrid Tieken-Boon van Ostade & Wim van der Wurff (eds)
Current Issues in Late Modern English.
436 pages. 2009. ISBN 978-3-03911-660-7

Vol. 78 Marta Navarro Coy (ed.)
Practical Approaches to Foreign Language Teaching and Learning.
297 pages. 2009. ISBN 978-3-03911-661-4

Vol. 79 Qing Ma
Second Language Vocabulary Acquisition.
333 pages. 2009. ISBN 978-3-03911-666-9

Vol. 80 Martin Solly, Michelangelo Conoscenti & Sandra Campagna (eds)
Verbal/Visual Narrative Texts in Higher Education.
384 pages. 2008. ISBN 978-3-03911-672-0

Vol. 81 Meiko Matsumoto
From Simple Verbs to Periphrastic Expressions:
The Historical Development of Composite Predicates, Phrasal Verbs,
and Related Constructions in English.
235 pages. 2008. ISBN 978-3-03911-675-1

Vol. 82 Melinda Dooly
Doing Diversity. Teachers' Construction of Their Classroom Reality.
180 pages. 2009. ISBN 978-3-03911-687-4

Vol. 83 Victoria Guillén-Nieto, Carmen Marimón-Llorca & Chelo Vargas-Sierra (eds)
Intercultural Business Communication and
Simulation and Gaming Methodology.
392 pages. 2009. ISBN 978-3-03911-688-1

Vol. 84 Maria Grazia Guido
English as a Lingua Franca in Cross-cultural Immigration Domains.
285 pages. 2008. ISBN 978-3-03911-689-8

Vol. 85 Erik Castello
Text Complexity and Reading Comprehension Tests.
352 pages. 2008. ISBN 978-3-03911-717-8

Vol. 86 Maria-Lluisa Gea-Valor, Isabel García-Izquierdo & Maria-José Esteve (eds)
Linguistic and Translation Studies in Scientific Communication.
317 pages. 2010. ISBN 978-3-0343-0069-8

Vol. 87 Carmen Navarro, Rosa Mª Rodríguez Abella, Francesca Dalle Pezze
& Renzo Miotti (eds)
La comunicación especializada.
355 pages. 2008. ISBN 978-3-03911-733-8

Vol. 88 Kiriko Sato
The Development from Case-Forms to Prepositional Constructions in Old English Prose.
231 pages. 2009. ISBN 978-3-03911-763-5

Vol. 89 Dorothee Heller (Hrsg.)
Formulierungsmuster in deutscher und italienischer Fachkommunikation. Intra- und interlinguale Perspektiven.
315 pages. 2008. ISBN 978-3-03911-778-9

Vol. 90 Henning Bergenholtz, Sandro Nielsen & Sven Tarp (eds)
Lexicography at a Crossroads. Dictionaries and Encyclopedias Today, Lexicographical Tools Tomorrow.
372 pages. 2009. ISBN 978-3-03911-799-4

Vol. 91 Manouchehr Moshtagh Khorasani
The Development of Controversies. From the Early Modern Period to Online Discussion Forums.
317 pages. 2009. ISBN 978-3-3911-711-6

Vol. 92 María Luisa Carrió-Pastor (ed.)
Content and Language Integrated Learning. Cultural Diversity.
178 pages. 2009. ISBN 978-3-3911-818-2

Vol. 93 Roger Berry
Terminology in English Language Teaching. Nature and Use.
262 pages. 2010. ISBN 978-3-0343-0013-1

Vol. 94 Roberto Cagliero & Jennifer Jenkins (eds)
Discourses, Communities, and Global Englishes
240 pages. 2010. ISBN 978-3-0343-0012-4

Vol. 95 Facchinetti Roberta, Crystal David, Seidlhofer Barbara (eds)
From International to Local English – And Back Again.
268 pages. 2010. ISBN 978-3-0343-0011-7

Vol. 96 Cesare Gagliardi & Alan Maley (eds)
EIL, ELF, Global English. Teaching and Learning Issues
376 pages. 2010. ISBN 978-3-0343-0010-0

Vol. 97 Sylvie Hancil (ed.)
The Role of Prosody in Affective Speech.
403 pages. 2009. ISBN 978-3-03911-696-6

Vol. 98 Marina Dossena & Roger Lass (eds)
Studies in English and European Historical Dialectology.
257 pages. 2009. ISBN 978-3-0343-0024-7

Vol. 99 Christine Béal
Les interactions quotidiennes en français et en anglais. De l'approche comparative à l'analyse des situations interculturelles.
424 pages. 2010. ISBN 978-3-0343-0027-8

Vol. 100 Maurizio Gotti (ed.)
Commonality and Individuality in Academic Discourse.
398 pages. 2009. ISBN 978-3-0343-0023-0

Vol. 101 Javier E. Díaz Vera & Rosario Caballero (eds)
Textual Healing. Studies in Medieval English Medical, Scientific and Technical Texts.
213 pages. 2009. ISBN 978-3-03911-822-9

Vol. 102 Nuria Edo Marzá
The Specialised Lexicographical Approach. A Step further in Dictionary-making.
316 pages. 2009. ISBN 978-3-0343-0043-8

Vol. 103 Carlos Prado-Alonso, Lidia Gómez-García, Iria Pastor-Gómez &
David Tizón-Couto (eds)
New Trends and Methodologies in Applied English Language Research.
Diachronic, Diatopic and Contrastive Studies.
348 pages. 2009. ISBN 978-3-0343-0046-9

Vol. 104 Françoise Salager-Meyer & Beverly A. Lewin
Crossed Words. Criticism in Scholarly Writing?
371 pages. 2011. ISBN 978-3-0343-0049-0.

Vol. 105 Javier Ruano-García
Early Modern Northern English Lexis. A Literary Corpus-Based Study.
611 pages. 2010. ISBN 978-3-0343-0058-2

Vol. 106 Rafael Monroy-Casas
Systems for the Phonetic Transcription of English. Theory and Texts.
280 pages. 2011. ISBN 978-3-0343-0059-9

Vol. 107 Nicola T. Owtram
The Pragmatics of Academic Writing.
A Relevance Approach to the Analysis of Research Article Introductions.
311 pages. 2009. ISBN 978-3-0343-0060-5

Vol. 108 Yolanda Ruiz de Zarobe, Juan Manuel Sierra &
Francisco Gallardo del Puerto (eds)
Content and Foreign Language Integrated Learning.
Contributions to Multilingualism in European Contexts
343 pages. 2011. ISBN 978-3-0343-0074-2

Vol. 109 Ángeles Linde López & Rosalía Crespo Jiménez (eds)
Professional English in the European context. The EHEA challenge.
374 pages. 2010. ISBN 978-3-0343-0088-9

Vol. 110 Rosalía Rodríguez-Vázquez
The Rhythm of Speech, Verse and Vocal Music. A New Theory.
394 pages. 2010. ISBN 978-3-0343-0309-5

Vol. 111 Anastasios Tsangalidis & Roberta Facchinetti (eds)
Studies on English Modality. In Honour of Frank Palmer.
392 pages. 2009. ISBN 978-3-0343-0310-1

Vol. 112 Jing Huang
Autonomy, Agency and Identity in Foreign Language Learning and Teaching.
400 pages. 2013. ISBN 978-3-0343-0370-5

Vol. 113 Mihhail Lotman & Maria-Kristiina Lotman (eds)
Frontiers in Comparative Prosody. In memoriam: Mikhail Gasparov.
426 pages. 2011. ISBN 978-3-0343-0373-6

Vol. 114 Merja Kytö, John Scahill & Harumi Tanabe (eds)
Language Change and Variation from Old English to Late Modern English.
A Festschrift for Minoji Akimoto
422 pages. 2010. ISBN 978-3-0343-0372-9

Vol. 115 Giuliana Garzone & Paola Catenaccio (eds)
Identities across Media and Modes. Discursive Perspectives.
379 pages. 2009. ISBN 978-3-0343-0386-6

Vol. 116 Elena Landone
Los marcadores del discurso y cortesía verbal en español.
390 pages. 2010. ISBN 978-3-0343-0413-9

Vol. 117 Maurizio Gotti & Christopher Williams (eds)
Legal Discourse across Languages and Cultures.
339 pages. 2010. ISBN 978-3-0343-0425-2

Vol. 118 David Hirsh
Academic Vocabulary in Context.
217 pages. 2010. ISBN 978-3-0343-0426-9

Vol. 119 Yvonne Dröschel
Lingua Franca English. The Role of Simplification and Transfer.
358 pages. 2011. ISBN 978-3-0343-0432-0

Vol. 120 Tengku Sepora Tengku Mahadi, Helia Vaezian & Mahmoud Akbari
Corpora in Translation. A Practical Guide.
135 pages. 2010. ISBN 978-3-0343-0434-4

Vol. 121 Davide Simone Giannoni & Celina Frade (eds)
Researching Language and the Law. Textual Features and Translation Issues.
278 pages. 2010. ISBN 978-3-0343-0443-6

Vol. 122 Daniel Madrid & Stephen Hughes (eds)
Studies in Bilingual Education.
472 pages. 2011. ISBN 978-3-0343-0474-0

Vol. 123 Vijay K. Bhatia, Christopher N. Candlin & Maurizio Gotti (eds)
The Discourses of Dispute Resolution.
290 pages. 2010. ISBN 978-3-0343-0476-4

Vol. 124 Davide Simone Giannoni
Mapping Academic Values in the Disciplines. A Corpus-Based Approach.
288 pages. 2010. ISBN 978-3-0343-0488-7

Vol. 125 Giuliana Garzone & James Archibald (eds)
Discourse, Identities and Roles in Specialized Communication.
419 pages. 2010. ISBN 978-3-0343-0494-8

Vol. 126 Iria Pastor-Gómez
The Status and Development of N+N Sequences in
Contemporary English Noun Phrases.
216 pages. 2011. ISBN 978-3-0343-0534-1

Vol. 127 Carlos Prado-Alonso
Full-verb Inversion in Written and Spoken English.
261 pages. 2011. ISBN 978-3-0343-0535-8

Vol. 128 Tony Harris & María Moreno Jaén (eds)
Corpus Linguistics in Language Teaching.
214 pages. 2010. ISBN 978-3-0343-0524-2

Vol. 129 Tetsuji Oda & Hiroyuki Eto (eds)
Multiple Perspectives on English Philology and History of Linguistics.
A Festschrift for Shoichi Watanabe on his 80th Birthday.
378 pages. 2010. ISBN 978-3-0343-0480-1

Vol. 130 Luisa Chierichetti & Giovanni Garofalo (eds)
Lengua y Derecho. líneas de investigación interdisciplinaria.
283 pages. 2010. 978-3-0343-0463-4

Vol. 131 Paola Evangelisti Allori & Giuliana Garzone (eds)
Discourse, Identities and Genres in Corporate Communication.
Sponsorship, Advertising and Organizational Communication.
324 pages. 2011. 978-3-0343-0591-4

Vol. 132 Leyre Ruiz de Zarobe & Yolanda Ruiz de Zarobe (eds)
Speech Acts and Politeness across Languages and Cultures.
402 pages. 2012. 978-3-0343-0611-9

Vol. 133 Thomas Christiansen
Cohesion. A Discourse Perspective.
387 pages. 2011. 978-3-0343-0619-5

Vol. 134 Giuliana Garzone & Maurizio Gotti
Discourse, Communication and the Enterprise. Genres and Trends.
451 pages. 2011. ISBN 978-3-0343-0620-1

Vol. 135 Zsuzsa Hoffmann
Ways of the World's Words.
Language Contact in the Age of Globalization.
334 pages 2011. ISBN 978-3-0343-0673-7

Vol. 136 Cecilia Varcasia (ed.)
Becoming Multilingual.
Language Learning and Language Policy between Attitudes and Identities.
213 pages. 2011. ISBN 978-3-0343-0687-5

Vol. 137 Susy Macqueen
The Emergence of Patterns in Second Language Writing.
A Sociocognitive Exploration of Lexical Trails.
325 pages. 2012. ISBN 978-3-0343-1010-9

Vol. 138 Maria Vittoria Calvi & Giovanna Mapelli (eds)
La lengua del turismo. Géneros discursivos y terminología.
365 pages. 2011. ISBN 978-3-0343-1011-6

Vol. 139 Ken Lau
Learning to Become a Professional in a Textually-Mediated World.
A Text-Oriented Study of Placement Practices.
261 pages. 2012. ISBN 978-3-0343-1016-1

Vol. 140 Sandra Campagna, Giuliana Garzone, Cornelia Ilie & Elizabeth Rowley-Jolivet (eds)
Evolving Genres in Web-mediated Communication.
337 pages. 2012. ISBN 978-3-0343-1013-0

Vol. 141 Edith Esch & Martin Solly (eds)
The Sociolinguistics of Language Education in International Contexts.
263 pages. 2012. ISBN 978-3-0343-1009-3

Vol. 142 Forthcoming.

Vol. 143 David Tizón-Couto
Left Dislocation in English. A Functional-Discoursal Approach.
416 pages. 2012. ISBN 978-3-0343-1037-6

Vol. 144 Margrethe Petersen & Jan Engberg (eds)
Current Trends in LSP Research. Aims and Methods.
323 pages. 2011. ISBN 978-3-0343-1054-3

Vol. 145 David Tizón-Couto, Beatriz Tizón-Couto, Iria Pastor-Gómez & Paula Rodríguez-Puente (eds)
New Trends and Methodologies in Applied English Language Research II.
Studies in Language Variation, Meaning and Learning.
283 pages. 2012. ISBN 978-3-0343-1061-1

Vol. 146 Rita Salvi & Hiromasa Tanaka (eds)
Intercultural Interactions in Business and Management.
306 pages. 2011. ISBN 978-3-0343-1039-0

Vol. 147 Francesco Straniero Sergio & Caterina Falbo (eds)
Breaking Ground in Corpus-based Interpreting Studies.
254 pages. 2012. ISBN 978-3-0343-1071-0

Vol. 148 Forthcoming.

Vol. 149 Vijay K. Bhatia & Paola Evangelisti Allori (eds)
Discourse and Identity in the Professions. Legal, Corporate and Institutional Citizenship.
352 pages. 2011. ISBN 978-3-0343-1079-6

Vol. 150 Maurizio Gotti (ed.)
Academic Identity Traits. A Corpus-Based Investigation.
363 pages. 2012. ISBN 978-3-0343-1141-0

Vol. 151 Priscilla Heynderickx, Sylvain Dieltjens, Geert Jacobs, Paul Gillaerts & Elizabeth de Groot (eds)
The Language Factor in International Business.
New Perspectives on Research, Teaching and Practice.
320 pages. 2012. ISBN 978-3-0343-1090-1

Vol. 152 Paul Gillaerts, Elizabeth de Groot, Sylvain Dieltjens, Priscilla Heynderickx & Geert Jacobs (eds)
Researching Discourse in Business Genres. Cases and Corpora.
215 pages. 2012. ISBN 978-3-0343-1092-5

Vol. 153 Yongyan Zheng
Dynamic Vocabulary Development in a Foreign Language.
262 pages. 2012. ISBN 978-3-0343-1106-9

Vol. 154 Carmen Argondizzo (ed.)
Creativity and Innovation in Language Education.
357 pages. 2012. ISBN 978-3-0343-1080-2

Vol. 155 David Hirsh (ed.)
Current Perspectives in Second Language Vocabulary Research.
180 pages. 2012. ISBN 978-3-0343-1108-3

Vol. 156 Seiji Shinkawa
Unhistorical Gender Assignment in Lahamon's *Brut*. A Case Study of a Late Stage in the Development of Grammatical Gender toward its Ultimate Loss.
186 pages. 2012. ISBN 978-3-0343-1124-3

Vol. 157 Yeonkwon Jung
Basics of Organizational Writing: A Critical Reading Approach.
151 pages. 2014. ISBN 978-3-0343-1137-3.

Vol. 158 Bárbara Eizaga Rebollar (ed.)
Studies in Linguistics and Cognition.
301 pages. 2012. ISBN 978-3-0343-1138-0

Vol. 159 Giuliana Garzone, Paola Catenaccio, Chiara Degano (eds)
Genre Change in the Contemporary World. Short-term Diachronic Perspectives.
329 pages. 2012. ISBN 978-3-0343-1214-1

Vol. 160 Carol Berkenkotter, Vijay K. Bhatia & Maurizio Gotti (eds)
Insights into Academic Genres.
468 pages. 2012. ISBN 978-3-0343-1211-0

Vol. 161 Beatriz Tizón-Couto
Clausal Complements in Native and Learner Spoken English. A corpus-based study with Lindsei and Vicolse. 357 pages. 2013. ISBN 978-3-0343-1184-7

Vol. 162 Patrizia Anesa
Jury Trials and the Popularization of Legal Language. A Discourse Analytical Approach.
247 pages. 2012. ISBN 978-3-0343-1231-8

Vol. 163 David Hirsh
Endangered Languages, Knowledge Systems and Belief Systems.
153 pages. 2013. ISBN 978-3-0343-1232-5

Vol. 164 Eugenia Sainz (ed.)
De la estructura de la frase al tejido del discurso. Estudios contrastivos español/italiano.
305 pages. 2014. ISBN 978-3-0343-1253-0

Vol. 165 Julia Bamford, Franca Poppi & Davide Mazzi (eds)
Space, Place and the Discursive Construction of Identity.
367 pages. 2014. ISBN 978-3-0343-1249-3

Vol. 166 Rita Salvi & Janet Bowker (eds)
Space, Time and the Construction of Identity.
Discursive Indexicality in Cultural, Institutional and Professional Fields.
324 pages. 2013. ISBN 978-3-0343-1254-7

Vol. 167 Shunji Yamazaki & Robert Sigley (eds)
Approaching Language Variation through Corpora. A Festschrift in Honour of Toshio Saito.
421 pages. 2013. ISBN 978-3-0343-1264-6

Vol. 168 Franca Poppi
Global Interactions in English as a Lingua Franca. How written communication is changing under the influence of electronic media and new contexts of use.
249 pages. 2012. ISBN 978-3-0343-1276-9

Vol. 169 Miguel A. Aijón Oliva & María José Serrano
Style in syntax. Investigating variation in Spanish pronoun subjects.
239 pages. 2013. ISBN 978-3-0343-1244-8

Vol. 170 Inés Olza, Óscar Loureda & Manuel Casado-Velarde (eds)
Language Use in the Public Sphere. Methodological Perspectives and Empirical Applications
564 pages. 2014. ISBN 978-3-0343-1286-8

Vol. 171 Aleksandra Matulewska
Legilinguistic Translatology. A Parametric Approach to Legal Translation.
279 pages. 2013. ISBN 978-3-0343-1287-5

Vol. 172 Maurizio Gotti & Carmen Sancho Guinda (eds)
Narratives in Academic and Professional Genres.
513 pages. 2013. ISBN 978-3-0343-1371-1

Vol. 173 Madalina Chitez
Learner corpus profiles. The case of Romanian Learner English.
244 pages. 2014. ISBN 978-3-0343-1410-7

Vol. 174 Chihiro Inoue
Task Equivalence in Speaking Tests.
251 pages. 2013. ISBN 978-3-0343-1417-6

Vol. 175 Gabriel Quiroz & Pedro Patiño (eds.)
LSP in Colombia: advances and challenges.
339 pages. 2014. ISBN 978-3-0343-1434-3

Vol. 176 Catherine Resche
Economic Terms and Beyond: Capitalising on the Wealth of Notions.
How Researchers in Specialised Varieties of English Can Benefit from Focusing on Terms.
332 pages. 2013. ISBN 978-3-0343-1435-0

Vol. 177 Wei Wang
Media representation of migrant workers in China. Identities and stances
198 pages. 2018. 978-3-0343-1436-7

Vol. 178 Cécile Desoutter & Caroline Mellet (dir.)
Le discours rapporté: approches linguistiques et perspectives didactiques.
270 pages. 2013. ISBN 978-3-0343-1292-9

Vol. 179 Ana Díaz-Negrillo & Francisco Javier Díaz-Pérez (eds)
Specialisation and Variation in Language Corpora.
341 pages. 2014. ISBN 978-3-0343-1316-2

Vol. 180 Pilar Alonso
A Multi-dimensional Approach to Discourse Coherence. From Standardness to Creativity.
247 pages. 2014. ISBN 978-3-0343-1325-4

Vol. 181 Alejandro Alcaraz-Sintes & Salvador Valera-Hernández (eds)
Diachrony and Synchrony in English Corpus Linguistics.
393 pages. 2014. ISBN 978-3-0343-1326-1

Vol. 182 Runhan Zhang
Investigating Linguistic Knowledge of a Second Language.
207 pages. 2015. ISBN 978-3-0343-1330-8

Vol. 183 Hajar Abdul Rahim & Shakila Abdul Manan (eds.)
English in Malaysia. Postcolonial and Beyond.
267 pages. 2014. ISBN 978-3-0343-1341-4

Vol. 184 Virginie Fasel Lauzon
Comprendre et apprendre dans l'interaction. Les séquences d'explication en classe
de français langue seconde.
292 pages. 2014. ISBN 978-3-0343-1451-0

Vol. 185 Forthcoming.

Vol. 186 Wei Ren
L2 Pragmatic Development in Study Abroad Contexts
256 pages. 2015. ISBN 978-3-0343-1358-2

Vol. 187 Marina Bondi & Rosa Lorés Sanz (eds)
Abstracts in Academic Discourse. Variation and Change.
361 pages. 2014. ISBN 978-3-0343-1483-1

Vol. 188 Giuditta Caliendo
Rethinking Community. Discourse, Identity and Citizenship in the European Union.
240 pages. 2017. ISBN 978-3-0343-1561-6

Vol. 189 Paola Evangelisti Allori (ed.)
Identities in and across Cultures.
315 pages. 2014. ISBN 978-3-0343-1458-9

Vol. 190 Erik Castello, Katherine Ackerley & Francesca Coccetta (eds).
Studies in Learner Corpus Linguistics. Research and Applications for Foreign Language Teaching and Assessment.
358 pages. 2015. ISBN 978-3-0343-1506-7

Vol. 191 Ruth Breeze, Maurizio Gotti & Carmen Sancho Guinda (eds)
Interpersonality in Legal Genres.
389 pages. 2014. ISBN 978-3-0343-1524-1

Vol. 192 Paola Evangelisti Allori, John Bateman & Vijay K. Bhatia (eds)
Evolution in Genre. Emergence, Variation, Multimodality.
364 pages. 2014. ISBN 978-3-0343-1533-3

Vol. 193 Jiyeon Kook
Agency in Arzt-Patient-Gesprächen. Zur interaktionistischen Konzeptualisierung von Agency
271 pages. 2015. ISBN 978-3-0343-1666-8

Vol. 194 Susana Nicolás Román & Juan José Torres Núñez (eds)
Drama and CLIL. A new challenge for the teaching approaches in bilingual education.
170 pages. 2015. ISBN 978-3-0343-1629-3

Vol. 195 Alessandra Molino & Serenella Zanotti (eds)
Observing Norm, Observing Usage. Lexis in Dictionaries and in the Media.
430 pages. 2015. ISBN 978-3-0343-1584-5

Vol. 196 Begoña Soneira
A Lexical Description of English for Architecture. A Corpus-based Approach.
267 pages. 2015. ISBN 978-3-0343-1602-6

Vol. 197 M Luisa Roca-Varela
False Friends in Learner Corpora. A corpus-based study of English false friends in the written and spoken production of Spanish learners.
348 pages. 2015. ISBN 978-3-0343-1620-0

Vol. 198 Rahma Al-Mahrooqi & Christopher Denman
Bridging the Gap between Education and Employment. English Language Instruction in EFL Contexts.
416 pages. 2015. ISBN 978-3-0343-1681-1

Vol. 199 Rita Salvi & Janet Bowker (eds)
The Dissemination of Contemporary Knowledge in English. Genres, discourse strategies and professional practices.
171 pages. 2015. ISBN 978-3-0343-1679-8

Vol. 200 Maurizio Gotti & Davide S. Giannoni (eds)
Corpus Analysis for Descriptive and Pedagogical Purposes. ESP Perspectives.
432 pages. 2014. ISBN 978-3-0343-1516-6

Vol. 201 Ida Ruffolo
The Perception of Nature in Travel Promotion Texts. A Corpus-based Discourse Analysis.
148 pages. 2015. ISBN 978-3-0343-1521-0

Vol. 202 Ives Trevian
English suffixes. Stress-assignment properties, productivity, selection and combinatorial processes.
471 pages. 2015. ISBN 978-3-0343-1576-0

Vol. 203 Maurizio Gotti, Stefania Maci & Michele Sala (eds)
Insights into Medical Communication.
422 pages. 2015. ISBN 978-3-0343-1694-1

Vol. 204 Carmen Argondizzo (ed.)
European Projects in University Language Centres. Creativity, Dynamics, Best Practice.
371 pages. 2015. ISBN 978-3-0343-1696-5

Vol. 205 Aura Luz Duffé Montalván (ed.)
Estudios sobre el léxico. Puntos y contrapuntos.
502 pages. 2016. ISBN 978-3-0343-2011-5

Vol. 206 Maria Pavesi, Maicol Formentelli & Elisa Ghia (eds)
The Languages of Dubbing. Mainstream Audiovisual Translation in Italy.
275 pages. 2014. ISBN 978-3-0343-1646-0

Vol. 207 Ruth Breeze & Inés Olza (eds)
Evaluation in media discourse. European perspectives.
268 pages. 2017. ISBN 978-3-0343-2014-6

Vol. 208 Vijay K. Bhatia & Maurizio Gotti (eds)
Arbitration Discourse in Asia.
331 pages. 2015. ISBN 978-3-0343-2032-0

Vol. 209 Sofía Bemposta-Rivas, Carla Bouzada-Jabois, Yolanda Fernández-Pena, Tamara Bouso, Yolanda J. Calvo-Benzies, Iván Tamaredo (eds)
New trends and methodologies in applied English language research III.
Synchronic and diachronic studies on discourse, lexis and grammar processing.
280 pages. 2017. ISBN 978-3-0343-2039-9

Vol. 210 Francisco Alonso Almeida, Laura Cruz García & Víctor González Ruiz (eds)
Corpus-based studies on language varieties.
285 pages. 2016. ISBN 978-3-0343-2044-3

Vol. 211 Juan Pedro Rica Peromingo
Aspectos lingüísticos y técnicos de la traducción audiovisual (TAV).
177 pages. 2016. ISBN 978-3-0343-2055-9

Vol. 212 Maria Vender
Disentangling Dyslexia. VenderPhonological and Processing Deficit in Developmental Dyslexia.
338 pages. 2017. ISBN 978-3-0343-2064-1

Vol. 213 Zhilong Xie
Bilingual Advantages. Contributions of Different Bilingual Experiences to Cognitive Control Differences Among Young-adult Bilinguals.
221 pages. 2016. ISBN 978-3-0343-2081-8

Vol. 214 Larissa D'Angelo
Academic posters. A textual and visual metadiscourse analysis.
367 pages. 2016. ISBN 978-3-0343-2083-2

Vol. 215 Evelyne Berger
Prendre la parole en L2. Regard sur la compétence d'interaction en classe de langue.
246 pages. 2016. ISBN 978-3-0343-2084-9

Vol. 216 David Lasagabaster and Aintzane Doiz (eds)
CLIL experiences in secondary and tertiary education: In search of good practices.
262 pages. 2016. ISBN 978-3-0343-2104-4

Vol. 217 Elena Kkese
Identifying Plosives in L2 English: The Case of L1 Cypriot Greek Speakers.
317 pages. 2016. ISBN 978-3-0343-2060-3

Vol. 218 Sandra Campagna, Elana Ochse, Virginia Pulcini & Martin Solly (eds)
Languaging in and across Communities: New Voices, New Identities. Studies in Honour of Giuseppina Cortese.
507 pages. 2016. ISBN 978-3-0343-2073-3

Vol. 219 Adriana Orlandi & Laura Giacomini (ed.)
Defining collocation for lexicographic purposes. From linguistic theory to lexicographic practice.
328 pages. 2016. ISBN 978-3-0343-2054-2

Vol. 220 Pietro Luigi Iaia
Analysing English as a Lingua Franca in Video Games. Linguistic Features, Experiential and Functional Dimensions of Online and Scripted Interactions.
139 pages. 2016. ISBN 978-3-0343-2138-9

Vol. 221 Dimitrinka G. Níkleva (ed.)
La formación de los docentes de español para inmigrantes en distintos contextos educativos.
390 pages. 2017. ISBN 978-3-0343-2135-8

Vol. 222 Katherine Ackerley, Marta Guarda & Francesca Helm (eds)
Sharing Perspectives on English-Medium Instruction.
308 pages. 2017. ISBN 978-3-0343-2537-0

Vol. 223 Juana I. Marín-Arrese, Julia Lavid-López, Marta Carretero, Elena Domínguez Romero, Mª Victoria Martín de la Rosa & María Pérez Blanco (eds)
Evidentiality and Modality in European Languages. Discourse-pragmatic perspectives.
427 pages. 2017. ISBN 978-3-0343-2437-3

Vol. 224 Gilles Col
Construction du sens : un modèle instructionnel pour la sémantique.
292 pages. 2017. ISBN 978-3-0343-2572-1

Vol. 225 Ana Chiquito & Gabriel Quiroz (eds)
Pobreza, Lenguaje y Medios en América Latina.
362 pages. 2017. ISBN 978-3-0343-2142-6

Vol. 226 Xu Zhang
English Quasi-Numeral Classifiers. A Corpus-Based Cognitive-Typological Study.
360 pages. 2017. ISBN 978-3-0343-2818-0

Vol. 227 María Ángeles Orts, Ruth Breeze & Maurizio Gotti (eds)
Power, Persuasion and Manipulation in Specialised Genres. Providing Keys to the Rhetoric of Professional Communities.
368 pages. 2017. ISBN 978-3-0343-3010-7

Vol. 228 Maurizio Gotti, Stefania Maci & Michele Sala (eds)
Ways of Seeing, Ways of Being: Representing the Voices of Tourism.
453 pages. 2017. ISBN 978-3-0343-3031-2

Vol. 229 Dino Selvaggi
Plurilingual Code-Switching between Standard and Local Varieties.
A Socio-Psycholinguistic Approach
371 pages. 2018. ISBN 978-3-0343-2663-6

Vol. 230 Anca-Cristina Sterie
Interprofessional interactions at the hospital. Nurses' requests and reports of problems in calls with physicians.
371 pages. 2017. ISBN 978-3-0343-2734-3

Vol. 231 Xiaodong Zhang
Understanding Chinese EFL Teachers' Beliefs and Practices in the Textbook-Based Classroom.
189 pages. 2017. ISBN 978-3-0343-3053-4

Vol. 232 Manuela Caterina Moroni & Federica Ricci Garotti (Hrsg.)
Brücken schlagen zwischen Sprachwissenschaft und DaF-Didaktik.
345 pages. 2017. ISBN 978-3-0343-2667-4

Vol. 233 Dimitrinka Georgieva Níkleva
Necesidades y tendencias en la formación del profesorado de español como lengua extranjera
401 pages. 2017. ISBN 978-3-0343-2946-0

Vol. 234 Juan Santana-Lario & Salvador Valera (Hrsg.)
Competing patterns in English affixation.
272 pages. 2017. ISBN 978-3-0343-2701-5

Vol. 235 Francisco Salgado-Robles
Desarrollo de la competencia sociolingüística por aprendices de español en un contexto de inmersión en el extranjero
241 pages. 2018. ISBN 978-3-0343-2323-9

Vol. 236 Maria Chiara Janner
Sguardi linguistici sulla marca. Analisi morfosintattica dei nomi commerciali in italiano
345 pages. 2017. ISBN 978-3-0343-2667-4

Vol. 237 Bárbara Herrero Muñoz-Cobo & Otman El Azami Zalachi
La primavera del árabe marroquí.
192 pages. 2017. ISBN 978-3-0343-3104-3

Vol. 238 Consuelo Pascual Escagedo
El papel del oyente en la construcción de la conversación espontánea de estudiantes italianos en su interlengua y en su lengua materna
295 pages. 2017. ISBN 978-3-0343-3186-9

Vol. 239 Stefania M. Maci
The MS Digby 133 *Mary Magdalene*. Beyond scribal practices: language, discourse, values and attitudes.
336 pages. 2017. ISBN 978-3-0343-3256-9

Vol. 240 Eliecer Crespo-Fernández
Taboo in Discourse. Studies on Attenuation and Offence in Communication.
326 pages. 2018. ISBN 978-3-0343-3018-3

Vol. 241 Jana Altmanova, Maria Centrella, Katherine E. Russo (eds)
Terminology & Discourse / Terminologie et discours.
424 pages. 2018. ISBN 978-3-0343-2417-5

Vol. 242 Xavier Blanco et Inès Sfar (dir.)
Lexicologie(s) : approches croisées en sémantique lexicale.
442 pages. 2018. ISBN 978-3-0343-3056-5

Vol. 243 Yunfeng Ge
Resolution of Conflict of Interest in Chinese Civil Court Hearings.
A Perspective of Discourse Information Theory.
302 pages. 2018. ISBN 978-3-0343-3313-9

Vol. 244 Carla Vergaro
Illocutionary Shell Nouns in English
322 pages. 2018. ISBN 978-3-0343-3069-5

Vol. 245 Paolo Frassi
L'adjectif en français et sa définition lexicographique.
270 pages. 2018. ISBN 978-3-0343-3394-8

Vol. 246 Suwilai Premsrirat and David Hirsh (eds)
Language Revitalization. Insights from Thailand
328 pages. 2018. ISBN 978-3-0343-3497-6

Vol. 247 Wei Wang
Researching Learning and Learners in Genre-based Academic Writing Instruction
282 pages. 2018. ISBN 978-3-0343-3297-2

Vol. 248 Isusi Alabarte, Alberto & Lahuerta Martínez, Ana Cristina (eds)
La comprensión lectora de lengua extranjera
Estudio de los factores de familiaridad, interés, género y métodos de evaluación
336 pages. 2018. ISBN 978-3-0343-3493-8

Vol. 249 Mercedes Eurrutia Cavero
Approche didactique du langage techno-scientifique
Terminologie et discours
374 pages. 2018. ISBN 978-3-0343-3512-6

Vol. 250 Aurora Ruiz Mezcua (ed.)
Approaches to Telephone Interpretation
Research, Innovation, Teaching and Transference
268 pages. 2018. ISBN 978-3-0343-3330-6

Vol. 251 Morini Massimiliano
A Day in the News
A Stylistic Analysis of Newsspeak
188 pages. 2018. ISBN 978-3-0343-3507-2

Vol. 252 Ignacio Guillén-Galve & Ignacio Vázquez-Orta (eds.)
English as a Lingua Franca and Intercultural Communication
Implications and Applications in the Field of English Language Teaching
414 pages. 2018. ISBN 978-3-0343-2763-3

Vol. 253 Bianca Del Villano
Using the Devil with Courtesy
Shakespeare and the Language of (Im)Politeness
216 pages. 2018. ISBN 978-3-0343-2315-4

Vol. 254 David Hirsh (ed.)
Explorations in Second Language Vocabulary Research
252 pages. 2018. ISBN 978-3-0343-2940-8

Vol. 255 Tania Baumann (ed.)
Reiseführer - Sprach- und Kulturmittlung im Tourismus / Le guide turistiche - mediazione linguistica e culturale in ambito turistico
270 pages. 2018. ISBN 978-3-0343-3402-0

Vol. 256 Ariadna Sánchez-Hernández & Ana Herraiz-Martínez (eds)
Learning second language pragmatics beyond traditional contexts
376 pages. 2018. ISBN 978-3-0343-3437-2

Vol. 257 Albert Bastardas-Boada, Emili Boix-Fuster, Rosa Maria Torrens (eds)
Family Multilingualism in Medium-Sized Linguistic Communities
336 pages. 2019. ISBN 978-3-0343-2536-3

Vol. 258 Yuyang Cai
Examining the Interaction among Components of English for Specific Purposes Ability in Reading. The Triple-Decker Model
296 pages. 2020. 978-3-0343-2913-2

Vol. 259 Catia Nannoni
Participe présent et gérondif dans la presse française contemporaine
176 pages. 2019. ISBN 978-3-0343-3631-4

Vol. 260 Nieves Rodríguez Pérez & Bárbara Heinsch (eds.)
Contextos multilingües. Mediadores interculturales, formación del profesorado de lenguas extranjeras
289 pages. 2019. ISBN 978-3-0343-3768-7

Vol. 261 Giuliana Elena Garzone, Mara Logaldo, Francesca Santulli (eds.)
Investigating Conflict Discourses in the Periodical Press
244 pages. 2020. ISBN 978-3-0343-3668-0

Vol. 262 Laura Nadal
Lingüística experimental y contraargumentación
233 pages. 2019. ISBN 978-3-0343-3791-5

Vol. 263 Claudia Claridge & Merja Kytö (eds.)
Punctuation in Context – Past and Present Perspectives
288 pages. 2019. ISBN 978-3-0343-3790-8

Vol. 264 Maurizio Gotti, Stefania Maci, Michele Sala (eds.)
Scholarly Pathways
530 pages. 2020. ISBN 978-3-0343-3860-8

Vol. 265 Ruth Breeze, Ana M. Fernández Vallejo (eds.)
Politics and populism across modes and media
350 pages. 2020. ISBN 978-3-0343-3707-6

Vol. 266 Jean Marguerite Jimenez
Understanding the Effects of Immediate Electronic Corrective Feedback on Second Language Development
252 pages. 2020. ISBN 978-3-0343-3815-8

Vol. 267 Sergio Rodríguez-Tapia, Adela González-Fernández (eds)
Lenguas y turismo: estudios en torno al discurso, la didáctica y la divulgación
380 pages. 2020. ISBN 978-3-0343-3881-3

Vol. 268 Ana Bocanegra-Valle (ed.)
Applied Linguistics and Knowledge Transfer. Employability, Internationalisation and Social Challenges
344 pages. 2020. ISBN 978-3-0343-3714-4

Vol. 269 Beatrice Garzelli
La traducción audiovisual español-italiano.Películas y cortos entre humor y habla soez
202 pages. 2020. ISBN 978-3-0343-4013-7

Vol. 270 Iván Tamaredo
Complexity, Efficiency, and Language Contact. Pronoun Omission in World Englishes
292 pages. 2020. ISBN 978-3-0343-3902-5

Vol. 271 Silvia Domenica Zollo,
Origine et histoire du vocabulaire des arts de la table. Analyse lexicale et exploitation de corpus textuels
239 pages. 2020. ISBN 978-3-0343-3890-5

Vol. 272 Forthcoming

Vol. 273 María Martínez-Atienza de Dios,
Entre el léxico y la sintaxis: las fases de los eventos
178 pages. 2021. 978-3-0343-4173-8

Lightning Source UK Ltd.
Milton Keynes UK
UKHW051250150422
401619UK00001B/1

9 783034 341738